现代图书馆管理创新与发展实践

冯春景　著

电子科技大学出版社
University of Electronic Science and Technology of China Press

图书在版编目(CIP)数据

现代图书馆管理创新与发展实践/冯春景著.--成都:成都电子科技大学出版社,2024.3

ISBN 978-7-5770-0898-1

Ⅰ. ①现… Ⅱ. ①冯… Ⅲ. ①图书馆管理 Ⅳ. ①G251

中国国家版本馆 CIP 数据核字(2024)第 041504 号

书　　名	现代图书馆管理创新与发展实践	
	XIANDAI TUSHUGUAN GUANLI CHUANGXIN YU FAZHAN SHIJIAN	
作　　者	冯春景	
出版发行	电子科技大学出版社	
社　　址	成都建设北路二段四号	
邮政编码	610054	
印　　刷	电子科技大学印刷厂	
开　　本	787mm×1092mm　1/16	
印　　张	9.75	
字　　数	145 千字	
版　　次	2024 年 3 月第 1 版	
印　　次	2024 年 3 月第 1 次印刷	
书　　号	ISBN 978-7-5770-0898-1	
定　　价	55.00 元	

前　言

当前,我国的发展正处于社会转型的关键时期,应当明确,目标的实现都离不开知识与人才,图书馆本身是知识资源的重要载体,对于人才的培养与成长来说具有至关重要的意义。因此,如何做好图书馆管理工作,使图书馆能够在最大程度上发挥其为读者提供公共服务的功能具有重要的意义。所以,当前对现代图书馆管理工作的创新方法进行深入探讨具有很强的现实意义。

目前,我国的图书馆管理工作是人为操作,如果在管理工作中出现问题可以及时改正和处理。图书馆管理工作人员应该积极地创新管理模式,这是现在解决图书馆管理工作的方法,图书馆的创新管理是我国未来图书馆发展的动力。

创新管理是图书馆管理工作的必要途径。图书馆是知识的海洋,对读者素质的提升起着重要的作用。图书馆优质的服务和广阔的知识是读者获取知识的主要场所,这样既可以提升自我修养也可以增长知识,为社会的发展作出贡献,创新管理有利于图书馆管理工作的有效开展。

书籍的管理创新是为了增加图书馆的实力,是提升图书馆影响力的重要因素。在创新管理的推进下,图书馆管理工作必须有创新的理念,才能满足读者的需求,所以增加书籍的管理创新是非常有必要的。

在新形势的环境下,创新管理是每个图书馆提升服务质量和服务水平的必要措施。图书馆的创新管理制度能够使图书馆的发展与社会的发展同步,紧跟时代的发展,以扩大图书馆的服务范围为核心,创新的管理制度能够让管理人员更高效地为每一位读者提供更加优质的服务。

本书是一本研究图书馆管理与创新的图书,本书立足于现代图书馆管理创新的基础理论,在对现代图书馆管理的内涵阐释、职能范畴、内容构成及主要原理进行分析的基础上,系统论述了现代图书馆管理的创新理念,并针对现代图书馆的战略管理、知识管理、人力资源管理、信息资源建设与管理等新时代背景下图书馆管理的具体内容进行了讨论,本书可供相关工作和研究人员参考和借鉴。

在撰写本书的过程中,作者查阅和借鉴了大量的相关资料,在此向其作者表示诚挚的感谢。此外,本书的撰写也得到了相关专家和同行的支持与帮助,在此一并致谢。由于作者水平有限,加之时间仓促,书中难免出现纰漏,敬请广大读者批评指正。

目 录

第一章 现代图书馆管理创新的基础理论

第一节 现代图书馆管理的内涵

一、现代图书馆管理的基本概念

(一)现代图书馆管理的内涵

图书馆管理包含对人力资源、财力资源、信息资源和物质资源的引导,图书馆管理者必须平衡四者之间的关系。

图书馆的动态性在这个定义中得到了体现。图书馆的运营是处在一个永远变化的环境之中的,因为信息技术在变化,读者在变化,信息产品和信息服务在变化,馆员也在变化。因而,图书馆也必须变化。那些随时准备适应环境变化的图书馆被称为动态图书馆。

达到目标是这一定义不可分割的组成部分,目标是一个图书馆不可须臾离的要素,没有目标,图书馆就丧失了存在的意义。

衡量达到图书馆目标的绩效度量是其所服务对象的满意程度。读者是图书馆服务的对象,对于成功的图书馆管理需要注重的是读者的满意程度。不论一个图书馆是处在一种高度竞争的环境中还是处在一种非高度竞争的环境中,其所关注的焦点都应当是读者的满意程度。因此,图书馆管理就是为了达到使读者满意的目的,而将人力资源、财力资源、信息资源和物质资源引入动态图书馆中。

定义中的最后一个部分是关于对高度士气和成就感的阐述。而这种高度士气和成就感是因馆员提供信息服务而获得的,馆员从工作中所获得的成就感和满意程度对图书馆达到目标以及为读者提供满意的服务具有很大的影响。

(二)现代图书馆管理的意义

管理是人们组织社会生活和社会实践的纽带,其意义已由实践活动升华到经济资源的范畴,一个国家、一个民族或一项事业能否兴旺发达,很大程度上取决于"管理"的"资源"是否得到充分地开发和有效地利用配置。管理具有粘合力,就能将管理系统内的各种相关因素密切地结合起来;管理具有增值力,就能使整体功能大于部分之和;管理具有传输力,就能使构成管理对象的各种物质、能量、信息按照一定的方向进行交流,以形成良好的动态结构和合理的布局;管理具有驱动力,就能推动各种管理对象按预定目标正常运行,促使目标的实现。具体到图书馆领域,科学技术的迅猛发展,时代的变迁造就了图书馆工作的现代化,要使现代图书馆充分发挥其社会职能,就必须依靠管理的推进。

1. 图书馆工作的整体性要求

每一个图书馆都由少则几十人,多则上千人的共同劳动而建成。工作内容复杂,工作程序繁多。面对这样一个拥有鲜明特点的系统工程,需要将它的工作环节的每一个单元环节、物资设备和工作人员,按照一定的组织法则,有序地装配在一个系统的链条上,加以调节、合理运作、统一指挥。

2. 大量增加的文献资料和读者需求多样化的需要

科学技术的日新月异,世界上文献量的急剧增加,给图书馆工作提出了更高的要求:一方面要对数量庞大、内容复杂、载体多样的书刊文献资料进行准确地挑选、迅速地加工、科学地管理;另一方面要采用各种方式和途径,迅捷、准确地将知识信息提供给需求多样的不同读者,为此,就应对图书馆工作进行合理地安排,对馆员不断进行培训,对社会信息资源和社会需求进行调查和预测,对读者进行大量的组织工作,这就是图书馆管理所肩负的重任。

3. 图书馆现代化的前提和重要基石

随着信息技术的迅速发展以及其在图书馆中的广泛应用,馆藏多样化、工作多样化、技术自动化、储存数字化、服务网络化、组织管理科学化已成为现代图书馆的新特点。计算机等现代技术的装备和应用要靠严密的组织、规范化的操作程序和严谨的组织体系才能正常运行,充分发挥其作用。由此可见,科学管理不仅是现代化的重要内容和条件,而且是实现图书馆现代化的基本保证。

4. 强化图书馆管理是图书馆生存发展的当务之急

伴随知识经济时代的到来,知识社会化、社会知识化,作为人类知识的宝库、科学的殿堂、传递信息的重要渠道的图书馆,大有用武之地。因此,通过管理挖潜力、要财富、获效益、求发展,既是每位馆长办好一个图书馆的首要任务,也是每个图书馆工作者谋求跨世纪可持续性发展的重要研究课题。

二、现代图书馆管理的特点

(一)总合性

所谓图书馆管理的总合性,从空间来说,它贯穿在一切图书馆活动中,存在于图书馆活动的一切方面和一切领域,凡是有图书馆活动的地方,就有图书馆管理存在。从时间上来说,它与图书馆共始终。随着信息技术的发展,图书馆的形态可能会发生一些变化,虚拟图书馆、电子图书馆、数字图书馆或网络图书馆将登上历史舞台,值得肯定的是,只要还存在图书馆活动,不管其形式如何,仍然离不开管理。因此,在图书馆发展的长河中,管理是无处不在、无时不有的一种社会活动,它在图书馆系统中横贯各个层次、涵盖一切领域,具有总合性。

(二)协调性

协调性就是调节和改造各种管理对象之间的关系,使他们能够相互适应,按照事物自身固有的规律性在整体上处于最佳的功能状态。图书馆管理的协调性具体体现在以下两个方面。

首先,从活动的对象来看,图书馆管理在一定意义上却是以图书馆系统的各种业务活动作为自己的对象,是在一个整体上对所有这些业务活动、这些业务活动之间的关系以及内部的各种要素之间进行协调的活动。因而与各种业务活动相适应,就有协调这些活动的采访管理、分编管理、借阅管理、咨询管理等形式,这些管理活动是通过协调各种业务活动而间接地对它们起作用,从而改变它们的存在状态。

其次,从活动的任务来看,图书馆管理的主要任务是协调人们之间的关系和利益,协调人们活动的状态和过程,使图书馆各种业务活动的要素建立某种有序的优化结构。所以,图书馆管理是一种柔性的组织化社会化活动,图书馆管理者主要是通过协调各种业务活动的内外关系,特别是馆员之间的关系以及馆员和读者之间的关系,使各个要素、各个环节在共同目标即最有效地满足读者的信息需求的指引下,跳跃彼此在方法上、时间上、力量上或利益上存在的分歧和冲突,统一步调,使图书馆的各种业务活动实现和谐运转,结合成一个有机的整体。

(三)变革性

管理在本质上是变革活动,是使人获得真正自由的活动。管理的特点就是变革迅速的、不断的、根本的变革,唯一不变的事就是变革,图书馆管理也不例外。从现象上看,图书馆管理有保守的一面,它要维持图书馆系统一定程度的稳定,要用一定的原则、规章制度约束图书馆的成员。但是,保守性、束缚性只是使图书馆获得发展、使个人获得真正自由的手段,因而是暂时的、相对的。稳定是运动的一种特殊状态,因为图书馆系统中的人、财、物、信息等要素是不断变化发展的,图书馆系统外部的经济、文化、科技等环境也在不断变化。要实现对图书馆的真正有效管理,目标和计划就要反映对象的变化,协调活动就要使系统内外因素的配合在变动中趋向合理,要不断通过信息反馈实现对图书馆的动态控制,要根据图书馆的发展改变失去合理性的规章制度。可见,图书馆管理的变革性是由图书馆本身的特性决定的,具有客观性。图书馆管理的变革性更重要地表现为它的发展演化。图书馆管理是一种主观见之于客观的活动,它要反映图书馆的变化,不仅反映图书馆现时的变化,而且要反映图书馆变化的趋势,还要反映趋势的转变,这只有通过科学预测、设立目标、制订计划、完善组织、实时控制等一系列措施动态管理活动反复循环才能实现。

(四)组织性

图书馆管理的组织性,一方面指的是图书馆管理活动总是通过一定的组织(如学校图书馆、科学图书馆、企业图书馆、公共图书馆、工会图书馆等)进行的,这种组织是由进行管理活动的人所组成的一个有序结构。因而,任何图书馆管理都是根据一定的组织机构(即特定的图书馆)进行的;同时,组织又是管理的对象,因为任何图书馆管理都是对一定组织(即特定的图书馆)的管理。另一方面,它指的是图书馆管理活动本身就是一种组织活动,这种组织活动将分散的资源如人力、物力、财力、信息等资源组合起来,形成一个稳定的、能够不断根据客观环境的变化而进行调整的物质和社会双重结构的过程。这种组织过程既把各种离散的、无序的事物结合成一个相互联系、相互制约的管理组织系统,这是图书馆管理活动得以进行的物质和社会实体;同时又能不断地根据变化着的外部和内部情况,对管理活动的各种要素之间的关系进行调整,以寻求相适应的最佳物质与社会的匹配关系,使图书馆系统朝着管理的目标运动。前者指的是静态的组织性,它表现为一种有序的组织形式;后者指的是动态的组织性,它表现为一种能动的组织职能。图书馆管理的组织性是图书馆管理最基本的特征,也是其他特征的内在根据和机制。

(五)科学性

图书馆管理的动态特性不意味着图书馆管理有规律可循。尽管图书馆管理是动态的,但还是可将其分成两大类:一是程序性活动,二是非程序性活动。所谓程序性活动是指有章可循,照章运作便可取得预想效果的管理活动,如制定读者服务工作中的各种规章制度,制定人员管理工作中的录用、奖惩、培训等方面的条例,制定行政管理的各种规章制度,制定后勤管理的各种规章制度,等等。所谓非程序性活动,就是指无章可循,需要边运作边探讨的管理活动,如建造新馆、建设图书馆自动化系统、图书馆组织机构的调整、复合图书馆的设计等。这两类活动虽然不同,但又是可以转化的。实际上现实的程序性活动就是以前的非程序性活动转化而来的,这种转化的过程是人们对这类活动与管理对象规律性的科学总结,图书馆管理的科学性在这里得到了很好地体现。

第二节　现代图书馆管理的职能范畴

一、决策职能

任何图书馆系统及其所属子系统的管理过程都离不开正确的决策。决策的含义是作出决定,是人类在思想活动中根据目标和条件,从多种方案中选定一种方案作为行动方针的过程,也可以说是针对未来的行动与需要而作出预先设定与考量方案可行性。而未来的行动往往受制于行动者所处的外部环境和内在条件,所以决策者在决策前,先要分析外部环境及自身的长短处,对未来形势做出基本判断。而未来形势受诸多可变因素影响,具有很大的不确定性,因而决策便存在相当的风险,所以决策者在决策过程中实际上很难得到真正最优的解决方案,但是找到一项较优化或满意的方案也是一个不错的选择。

决策又可分为目标性(或战略性决策)决策和执行性决策两大类型。很显然,目标性决策在图书馆决策中占据主导地位,它规定着执行性决策的性质与方向。越往高层,目标性决策越多,越往基层,执行性决策越多。管理的决策职能,不仅各个层次的管理者都有,而且也分布在各项管理活动中。图书馆系统的决策主要包括:图书馆发展方针、政策、战略方面的决策;各项业务工作的决策,如采集文献品种与副本数量的决策,分类法的选择,馆藏划分方案的选择,排架方式的选择,开架与闭架方式的选择等;人事方面的决策包括人员智力结构的确定,人员更新与培训的方式,奖惩制度的制订等;财务、设备方面的决策包括经费预算及其合理分配,设备、用品的选择等。正确的决策来源于正确的判断,正确的判断来源于周密细致的调查研究,深入调查研究是决策过程中避免失误和少走弯路的重要一环。

对管理者而言,作出任何一项尤其是目标性决策都是困难的。但作出正确的抉择只是第一步,更重要的是如何制定切实可行的、周密的计划实施已选择的方案,并在实施过程中不断收集、检查反馈信息,在实践中评价和修正决策。

二、计划职能

这是管理过程中十分重要的一环。计划是一种预测未来、确定目标、决定决策、选择方案的连续过程,是图书馆各项活动的指针,图书馆系统的各方面决策都要通过计划去实现。计划工作的职能就是努力使每个成员理解图书馆的总目标和近期目标以及完成任务的方法、手段和途径。计划是人们完成任务、进行各项具体活动的依据,一个好的计划应具有统一性、连续性、明确性和灵活性。虽然在管理实践中,各项职能交织成一个行动的网络,但是计划工作仍具有特殊地位——领导地位。因为计划牵涉到整个集体努力去完成的目标,使管理者知道需要什么样的组织机构和人员素质,按照什么方针去领导下属人员以及采用什么样的控制。

图书馆计划包括两个基本方面:一是国家图书馆事业发展计划,二是个体图书馆的发展计划。

现代图书馆事业发展计划应包括:①图书馆事业总体规划,规定图书馆发展的总量与速度,确定重点与比例,平衡各类型图书馆的建设和布局。②图书馆网的发展计划,规定图书馆网的组织形式及其结构。③专业人员的培训计划,包括正规的学校教育、职业技术教育、函授教育、在职教育等多层次教育形式。④科学研究与协调发展计划,包括基础理论研究、重要科研项目、技术设备和服务手段以及引进技术与大型协作计划等。

个体图书馆计划则有长期与短期计划之分;有全馆计划与各个业务部门的计划;有本馆的整体发展规划与各局部的发展计划等。

图书馆计划编制一般可采取如下步骤:①根据社会需要和图书馆自身条件,明白图书馆要解决的问题、原因及可能的结果。②确定图书馆工作的长期目标和近期目标,并尽可能将目标分解到各个职能部门、各个工作岗位。③拟定前提条件,即关于要实现计划的社会环境发展变动的假设条件。④决定可供选择的方案,在几个可供选择的方案中选取较为可行的一个。⑤将计划转变为预算,计算出图书馆在计划实施过程中的投入量。

计划由定额、指标、平衡表三部分组成。各项定额是发展计划的基础,计划的内容和任务则体现在指标上,计划就是综合平衡,平衡表是基本手段和工具。国家图书馆事业发展计划是各分项计划的集合,一个馆的总体计划是本馆内各个部门计划的集合。制订各项计划时,应明确该项计划发展水平的主要指标,突出重点,谋求最佳的发展方案。

三、组织职能

组织既可以作为一个名词,也可以作为一个动词看待。作为一个名词,组织是指由两个或两个以上的人为了完成共同的目标而形成的集合体。作为一个动词,组织是指组织工作或组织职能,这里所说的组织是指管理的一种职能,即根据组织的既定目标、计划,对各项工作进行分类组合,设计职务、岗位,形成完善的组织机构,明确各岗位的职权和组织机构间的分工、协作关系,并对组织机构中的全体人员指定职位、明确职责、协调其工作,以最优的方式实现既定目标。

决策的实施要靠其他人的合作,组织工作正是从人类对合作的需要产生的。组织指对活动所需的资源加以组合,建立组织的活动与职权间的关系的过程。组织是发挥管理职能、实现管理目标、完成计划的保证。组织工作既是一个分工的行为,又是一个组织各方进行协作的合作行为。如果在实施决策目标的过程中,产生比合作个体总和更大的力量、更高的效率,就应根据工作的要求和人员的特点,决定工作结构和分工的过程,设计岗位,通过授权将适当的人员安排在适当的岗位上,用制度规定各个成员的职责和上下左右的相互关系,形成一个有机的组织结构,使整个组织协调地运转。决策目标决定着组织结构的具体形式和特点,组织工作的状况又在很大程度上决定着这些组织各自的工作效率和活力。在每项决策和计划的实施中,在每一项管理业务中,都要做大量的组织工作,组织工作的优劣同样在很大程度上决定着这些决策、计划和管理活动的成败。因此,组织职能是管理活动的根本职能,是其他一切管理活动的保证和依托。

组织工作还包括人事工作,亦称人员配备,即为组织的工作过程中设置的工作岗位配备合适的职工人选。组织工作有一个基本的逻辑:①明确本单位的总目标;②制订实现总目标所必须分解的近期目标及工作计划;③明确为完成上述目标和计划所需开展的业务活动并进行适当分类;④根据现有的人力和物力,并根据环境来使用人力和物力的最佳方法,将上述活动分组;⑤给各个组的负责人授予要完成活动所必要的权力;⑥通过职权关系和信息流通,从纵横两个方向上将各组联系在一起。

图书馆组织静态上表现为各业务职能部门设置,动态上表现为实现某项任务部门和人员的组合。在图书馆管理系统中必须有健全的组织机构,明确各个工作岗位的职责,确立各级人员之间的相互关系,做到职责分明,权责结合。只有这样,才能实现管理过程中的各项决策和各项计划。

四、领导职能

决策、计划、组织等工作做好了,也不一定能保证组织目标的顺利实现,因为组织目标的实现要依靠全体员工的努力。因此,需要有权威的管理者进行领导,指导人们的行为,沟通人员之间的信息与感情,增进相互之间的了解,协调员工的思想和行动,激励每个成员自觉地为实现整体目标而共同努力。

　　图书馆要建立合理的领导层的群体结构,注意选拔主导型人才,重视领导者群体的智力结构,加强领导者之间的团结协作。领导工作是影响人们为实现组织的目标而努力的前提。领导工作的实质是管理者根据图书馆的目标(长期、近期)和工作任务的要求,在管理过程中运用有关方法以及沟通联络、激励等手段,对被领导者施加影响,使之适应环境的变化与要求,以统一意志、统一行动,从而保证组织目标的实现。其主要任务是如何在图书馆内外调整和建立良好的人际关系,使人们自觉自愿地跟随领导,为实现图书馆目标而努力。

　　图书馆领导工作是各级管理人员共同完成的,最重要的就是将个人需要与图书馆总目标联结起来,协调起来。一方面是合理的、考虑周到的决策计划,仔细设计的组织结构,员工配备的良好规划和有效的控制技术,而另一方面是图书馆员工被人理解和受人激励的需要以及为实现总体目标和部门目标体现个人价值的需要。图书馆的领导者应当注意在正确运用合法权利、奖励权利、强制权利的同时,学习和掌握图书馆专业知识和管理知识,不断完善本人各方面的素质,增强自己的专家能力和个人影响力。更重视对领导艺术的学习与实践,包括授权艺术、决策艺术、会议艺术、用人艺术、奖励艺术等。

五、控制职能

　　控制的实质就是为了使组织的活动达到预定的目标,保证各项工作按计划执行,纠正各种重要偏差的过程,也可以说控制是为了保证组织活动与计划相一致的一种管理活动。它是一种实践活动,计划就是控制的标准。组织工作虽然是按照计划进行的,但实际上,由于组织的内部条件和外部环境总是处于不断变化的运动状态,组织的活动与计划必然会出现各种偏差。控制工作就是将实际工作与计划加以对比,找出不同之处,继而探查偏差产生的原因,制订纠正偏差的措施并具体实施,使组织工作按计划进行。控制不仅是对现有工作成果进行评定,更重要的是认识和判断工作发展的趋势并改进工作提供信息反馈。控制的目的是保证组织的运行更有效率,更加符合客观环境的发展变化。因此,控制工作也是对计划工作的检验,当实际情况要求计划发生改变时,控制活动也会为计划的重新制订提供信息。

管理者必须及时取得计划执行情况的信息,并将有关信息与计划进行比较,分析原因,及时采取有效的纠偏措施。从纵向看,各个管理层次都要重视控制职能,越是基层的管理者,控制要求的时效性越短,控制的定量化程度也越高;越是高层的管理者,控制要求的时效性越长,综合性越强。横向看,各项管理活动,各个管理对象都要进行控制,没有控制就没有管理。不论在什么地方,也不论控制的是什么,控制的基本过程都包括三个步骤:①确定标准。确定考核业绩的尺度,如工作量标准、成本投入标准、收益回报标准等。②对照标准检查实施情况,发现问题及时予以纠正,采取纠偏措施。③纠正偏离标准和计划的情况,在计划实施过程中因为环境、条件的改变,管理者也可以根据变化了的情况重新制订计划或调整目标,重新组合员工等手段纠偏。

控制的功能是通过输入、中间转换、输出、反馈四个环节实现的。输入包括两个方面:一是物流的输入(包括人力、物资、设备、资金、文献等);二是信息流的输入(包括各种决策、计划、规章制度等)。中间转换包括物流、信息流在图书馆各层次系统中的实际运动过程。输出包括品种数量、成本等各种指标。反馈即将输出信息回收到输入端,与原给定物流、信息流进行比较,发现差异,查明原因,予以消除,这样就达到了控制的目的。反馈是控制中最重要的一环,反馈的信息有真假之分,必须对反馈的信息进行去伪存真的分析,以便对图书馆系统的各个工作环节实行有效的控制节约,保证图书馆均衡地完成工作计划,取得优化的运作效果。

同时控制也需注意以下问题:①控制过度;②工作及时;③控制工作应建立客观的标准。

六、协调职能

图书馆管理既需要控制适当,也需要协调得当。协调是管理过程中不可缺少的环节,在管理过程中起着润滑剂的作用。它可以使图书馆事业的建设或一个图书馆的各项工作趋向和谐。图书馆的协调,从微观角度来看,指的是图书馆内部纵向和横向的协调。纵向协调就是要保持图书馆各层结构和子系统的上下平衡;横向协调就是要保持图书馆系统各层次彼此之间的协作。从图书馆的宏观协调角度来看,是指与图书馆外部的协调,这种馆际之间的协调也分为纵向层次的和横向层次的。纵向层次的协调指的是本系统图书馆从上至下的协调;横向层次的协调指的是本图书馆系统方针、任务与其他图书馆系统的协调。

图书馆的协调职能就是对图书馆的各个部门、各项工作实行统一的指挥和协调,使其趋向和谐,以利于发挥图书馆系统的总体优势,保证计划目标的落实。对一个图书馆来讲,协调的主要任务是从系统角度出发,平衡各个部门人力、物力、财力的分配,组织各项工作环节的有机连接,解决部门与部门、人与人之间的矛盾,加强各级组织及各项工作的联系,克服工作中的不平衡现象,从而既保证各部门及个人积极性的发挥,又要把他们的行为纳入图书馆总目标的轨道。所以协调是带有综合性、整体性的一种智能,在图书馆管理中占有重要的地位。从某种意义上讲,管理就是指挥,指挥就是协调,协调就是平衡,图书馆管理就是图书馆人、财、物等各方面资源的统一平衡与协调。

第三节 现代图书馆管理的内容构成

一、现代图书馆管理的基本要求

现代图书馆管理的基本要求是管理规格化、劳动组织合理化、业务工作计量化、工作人员专业化。

(一)管理规格化

所谓规格化就是要有完善的规章条例和业务标准。所以,图书馆管理的规章条例化和业务技术标准化是规格化的两大内容。

规章条例是管理的依据,业务技术标准化是管理的重要手段。

(二)劳动组织合理化

以最经济的人力取得最佳的工作效果是图书馆合理的劳动组织所要达到的主要目标,为了实现这个目标,必须做好以下几方面的工作:①根据本馆的性质和具体任务,以节约人力、方便管理、减少层次、提高效率为原则,合理设立业务机构。②根据本馆收藏的文献资料的类型和用户需要的特点,科学地划分工序和工作范围。工序和工作范围的划分要做到科学和合理。③建立岗位责任制。所谓岗位责任制就是规定明确的职责范围,让每一个部门和每一个工作人员都承担应负的责任,做到各负其责,各尽其力,严格的责任制是提高工作质量的重要保证。

(三)业务工作计量化

数据分析是管理的一种手段。要进行数据分析,就必须建立系统的统计制度,有了完整系统的统计数据,才能分析出数与质的关系。统计数据能够反映图书馆的基本情况,是改进工作方法、提高服务质量的重要依据,对于图书馆实行科学有效的管理可以起到"耳目"和"参谋"的作用。因此,可以说,在图书馆管理中,有了统计数据,就可以实时掌握图书馆工作的运行状态。

(四)工作人员专业化

培养一支合格的专业化队伍是实现图书馆管理目标的必要措施。图书馆工作人员的专业化包括两个方面,一是必须具备图书馆学、信息学的基本知识和图书馆工作的基本技能;另一个是向文献信息工作专门化的方向发展。这就要求图书馆工作人员在熟悉图书馆业务的基础上,在某一学科知识的范围内,以文献信息为研究对象,深入学习该学科知识,熟悉该学科的各种文献,能够担负起该学科的专题文献和信息服务工作。

二、现代图书馆管理的要素构成

图书馆管理要素是指构成图书馆管理活动的必要的因素,主要包括以下几个方面。

(一)观念

图书馆管理观念是指图书馆管理者在实施管理时秉持的指导思想,也可称为图书馆管理哲学,是对图书馆管理的总看法,主要包括如下几方面:

①价值观念。即关于图书馆存在的价值和依据,如社会意义、办馆收益、服务质量、馆藏水平等。

②经营观念。即关于图书馆如何发展的理念,如整体定位、经营策略、发展战略、用人标准等。

③人文观念。即关于图书馆内组成成员之间的关系及对个人的正确认识。

④资源观念。即关于图书馆资源建设开发在图书馆服务中所占地位的认识。

⑤服务观念。即关于图书馆如何做到有效服务,图书馆服务工作是开展图书馆活动的基础和目标,对评判标准需要有一个认识。

(二)目标

目标主要是指组织和管理目标。二者既统一又分别独立,组织目标是指一个图书馆要实现或完成的最终任务,是图书馆中每个员工的努力方向。管理目标则是管理者为实现组织目标的努力方向,是管理活动要达成的效果。管理目标是实现组织目标的重要保证,管理观念与环境、管理对象相互作用的结果引起目标的形成,管理活动以目标为终点,目标是管理的方向,是决定任何行动的先决条件,也是衡量各种行动合理与否的标志和尺度。

(三)机构

图书馆部门设置除根据业务开展的内容需要外,还受到员工情况、资源状况、馆舍条件、地理环境等诸多因素的制约。因此,不同图书馆由于不同因素而在机构设置上呈现出相对差异,应采取不同的管理手段与管理方法。对机构的分析与理解是准确管理的基础,是管理的核心要素。一方面,观念、条件、目标决定了机构的设置;另一方面,机构的设置又决定了员工、技术设备、信息资源等一系列管理资源要素的构成特点。

(四)员工

员工是组成图书馆整体的一个部分,也是图书馆的所有管理者与被管理者,员工是管理中最重要的资源。员工是对管理活动影响最大的可变因素,对各种管理要素具有能动作用。图书馆在员工管理中应尽可能做到"人有其才,人尽其才",有计划地配备、培训人才,最大限度地调动和发挥人的积极因素和主观能动性,形成图书馆结构合理的人才队伍。

(五)文献信息资源

文献信息资源(包括印刷型文献、非书资料及网上信息资源)是图书馆赖以生存的价值前提和物质基础,是体现图书馆保存人类文化、开发智力资源、传递科学信息、开展社会教育四项基本职能的先决条件。对文献信息资源的管理就是要使文献信息得到最大的序化和优化,充分发挥它们在生产建设、科学研究、社会生活等方面的作用。

(六)资金

资金是图书馆各方面运转的必要条件,是财产和物资的货币表现,是管理运转的润滑剂。资金这一项包含了成本分析、预算控制、财产管理等,它们是取得管理效益的重要因素。当出现资金不足或紧张时,图书馆可先尽可能开源节流、降低消耗,提高有限资金的使用效率。在政府投入不可能有太大增量的条件下,要开辟各种渠道,力争社会多方的支持。

(七)设施设备

设施设备在管理中受其他各种要素,如员工、信息、技术等作用的被动因素,因此,设备设施与技术是管理的重要开发资源。

(八)时间

现代社会讲求时效性,因而时间也成了一个考核标准。现代管理活动的一个重要特征是时效性越来越突出,时间反映出图书馆的工作效率与速度,同样的管理结果或问题处理,在不同时间就会表现出不同的效率。因而在时间的把握上,图书馆管理同样值得学习和研究。例如,图书馆开放时间应充分考虑所服务群体的生活习惯、工作特点以及不同对象在需求上的时间分布及变化周期,合理地安排不同部室的开放时间。原则是在条件允许的情况下,在单位时间内最大限度地提高读者利用图书馆的效率,提高工作人员单位时间内的效率。

(九)管理信息

管理信息是指能够反映管理内容、可以传递和加工处理的各种文字、数据和信号的一种管理方法。信息是管理工作上一项极重要的资源,是任何管理组织所不可缺少的资源储存,也是可以促进沟通的媒介。信息是管理的载体,对实现管理的基本职能——决策、计划、组织、控制、反馈等各项职能有重大作用。管理信息是决策和计划的基础,是组织和控制管理过程的依据,是使图书馆各部门、各岗位、各工作环节能互相沟通,形成有机网络的软纽带。

(十)环境

一个好的环境能起到积极的调和作用。环境是管理上的空间要素,是指图书馆的内外环境,既要求有物理空间上的安静、清洁、整饬、优美的自然环境,又要求有和谐、融洽、亲切、柔和的人工环境。内部环境要适应图书馆工作员工和读者脑力劳动的需要,外部环境要使图书馆与社会形成有效的物资、资金、信息、人才的交流与平衡,获得单个图书馆与图书馆事业发展的良好的经济文化空间。

第四节　现代图书馆管理的主要原理

一、系统原理

所谓系统是由相互作用、相互联系的若干要素所构成的具有特定功能的有机整体。在自然社会和人类社会中,一切事物都是以系统的方式存在的,任何管理都是对系统的管理。系统原理不仅为认识图书馆管理的本质提供了新的视角,而且它所提供的观点和方法广泛渗透到人本原理、能级原理、动力原理和弹性管理之中,在图书馆管理原理的有机体系中起着统率作用。

系统原理是阐述有关系统的基本属性、共同特征和一般规律的理论概括,主要体现在系统与要素、要素与要素、结构与功能以及系统与环境、系统与时间等关系上。

(一)系统整体性原理

系统整体性原理是指系统诸要素相互联系的统一性。整体性是系统最本质的属性,因而"整体"和"系统"这两个概念经常被同时使用。因此,整体性原理是系统原理的一个最基本的组成部分。

系统的整体性根源于系统的有机性和系统的组合效应。系统整体性原理的基本内容有:①要素和系统不可分割;②系统整体的功能不等于各组成部分的功能之和;③系统整体具有不同于各组成部分的新功能。

将系统整体性原理应用于图书馆管理工作上具有重要的指导意义:①根据图书馆管理目标,把管理要素组成为一个有机的系统。图书馆管理的目的就在于把图书馆中诸要素的功能统一起来,从总体上进行整合、激发。从这个意义上说,图书馆管理是一门把图书馆中的各种要素或各个部分协调起来,使之达到某种组织目标的学问。②把不断提高要素的功能作为改善图书馆系统整体功能的基础。由于组成图书馆系统的要素是决定其整体功能状况的最基本的条件,因此,改善图书馆系统的整体功能一般应从提高其组成要素的素质和水平入手。图书馆系统作为一个整体,一般由采访、分编、典藏、流通等部门或环节组成。任何一个部门或环节的功能素质不健全或相对削弱,都会在一定程度上影响图书馆的整体效应。因此,必须按照图书馆整体目标的要求,不断提高各个部门特别是关键部门或薄弱部门的功能素质,并强调局部服从整体、保证整体,以保证图书馆系统最佳的整体功能。③保持图书馆系统要素的合理组合。系统整体性原理是指整体功能守不守恒的实质在于结构是否合理。因此，改善和提高图书馆系统的整体功能，不仅要注重发挥每个要素的功能，更重要的是调整要素的组织形式，建立合理的结构，从而使图书馆系统整体功能得到优化、提升。

(二)动态相关性原理

任何系统都处在不断发展变化之中，系统状态是时间的函数，这就是系统的动态性。系统的动态性取决于系统的相关性，系统的相关性是指系统的要素之间、要素与系统整体之间、系统与环境之间的有机关联性。它们之间相互制约、相互影响、相互作用，存在着不可分割的有机联系，相关就是联系。正是由于系统内部诸要素之间、要素与系统整体之间、系统与环境之间的相互作用和相互联系的关系，才构成了系统发展变化的根据和条件，动态相关性原理的实质是揭示要素、系统和环境三者之间的关系及其对系统状态的影响。

动态相关性原理的基本内容有：①系统内部要素和要素之间的相关性；②要素与系统整体的相关性；③系统与环境的相关性。

可以看出，动态相关性原理和系统整体性原理是紧密联系的。整体性原理是系统思想的核心，动态相关性原理则是整体性原理的延续和具体化。

动态相关性原理对实际的图书馆管理工作具有重要的指导意义：①任何一个要素在图书馆系统中的存在和有效运行都与其他要素相关。图书馆系统中某个要素发生变化，会引起其他相关要素的相应变化。例如，图书馆藏书规模的扩大必然要求增加工作人员和书库空间；图书馆新馆舍的建成必然要求对工作人员、藏书、设备等要素重新进行布局；一位新馆长的上任必然会引起图书馆系统内一系列要素的变化；图书馆经费的缩减必定会影响图书馆藏书、设备等硬件设施运作状态以及工作人员的福利待遇、藏书建设水平等方面。因此，在图书馆管理实践中，当想要改变某些不合要求或不再适用的要素时，必须注意考察与之相关要素的影响，使这些相关要素得以相应的变化。图书馆系统中各要素发展变化的同步性可以使各要素之间相互匹配,从而增强协同效应以提高图书馆系统的整体功能。②图书馆系统内部诸要素之间的相关性是动态的。要素之间的相关作用是随时间变化的,由此决定了系统整体的性质和状态也是不断调整和改进的。因此,将图书馆系统视为一个动态系统,在动态中认识和把握其整体性,在动态中协调部分与部分、部分与整体的关系。图书馆管理的过程实质就是把握藏书、馆员、读者、经费、设备等环节的运动变化特点,然后有针对性地进行调节和控制,最终实现图书馆管理的最佳目标。③图书馆系统的整体功能存在于图书馆与环境的相关性之中。如果说要素之间的相关性形成系统的结构联系,使系统成为具有一定结构的整体,那么系统与环境的相关性则形成了系统的功能联系,使系统具有某种整体功能。系统一定的整体功能表明系统与环境必须按照一定的规律进行物质、能量和信息的交换,才能保持系统整体的性质,产生一定的整体效应。因此,一定要在图书馆系统和环境的相互联系与相互作用中提高和关怀图书馆系统。

(三)层次等级性原理

所谓系统的层次性,即一个系统的组成要素是由低一级要素组成的子系统,而系统本身又是高一级系统的组成要素。这种系统要素的等级划分就是系统的层次等级性。系统包括不同功能的子系统,而子系统之间又存在上下层次关系,这种系统的层次性是普遍而客观存在的。

层次等级性原理的基本内容有:①层次等级结构是物质普遍的存在方式。②处于不同层次等级的系统具有不同的结构,亦具有不同的功能。③不同层次等级的系统之间相互联系、相互制约,处于辩证的统一之中。

系统层次性原理对图书馆管理工作有其自身的意义:首先,系统层次等级性原理可以指导人们合理设置图书馆管理层次。管理组织系统划分层次等级的主要原因在于管理内容的多样性与管理者个人能力的有限性之间的矛盾。尽管今天的管理者比以往的管理者在能力和手段上都有所不同和很大的提高,但今天的管理对象要比以往复杂得多。管理对象的复杂化使管理组织系统的规模日益增加。对于规模较大的图书馆系统来说,合理划分管理层次,建立等级结构,可以削弱系统规模和对象复杂性之间的联系,缓解管理对象复杂性和管理者能力之间的矛盾。这是因为,把一个较大的管理组织系统划分为不同的层次等级,按照层次等级进行分级管理,可以使处在不同层次的管理者所直接联系的人数(包括上级和下级)大体相当,从而使他们的管理能力和管理对象相适应。其次,系统层次等级性原理可以指导人们科学地分解图书馆管理层次。图书馆系统的层次等级是科学分解目标的组织基础。一个图书馆系统总是要根据自身的基本任务、上级的指令、当前的状况、发展的需要和各种内外条件确定系统的总体目标,然后按照图书馆系统的层次等级将总目标分解为不同层次、不同部门的分目标。分目标要保证总目标,总目标指导分目标,从而形成前后衔接、上下贯通的目标体系。这样建立起来的目标体系,在组织上能使目标由上而下层层具体、层层落实,由下而上层层负责、层层加强;在内容上既能明确本级系统的基本任务,又能反映分目标和总目标的关系,便于处理局部和整体的系统工作。在明确每一管理层次、每个部门以至每个人的目标责任的基础上,授予相应的权力,进而建立起目标责权体系,使整个图书馆管理工作走上系统管理的轨道。最后,系统层次等级性原理可以指导人们按图书馆系统的层次实施层级管理。图书馆系统中的每一层级所处的位置不同,因而性质和功能也不同。每一个管理者都有自己相应的管理层次,处于不同层次的管理者都有不同的目标、责任和要求。一般来说,同一层次各子系统的横向联系应由他们全权处理,只有在出现不协调或发生矛盾时才提交上一层次的系统解决。上一层次系统的任务有两个:一是根据本系统的目标向下一层次发出指令,并检查监督指令执行的结果;二是解决下一层次中各子系统之间的不协调或相互之间的矛盾。当每一层次的任务明确以后,各层次的分系统均须围绕本层次的中心任务展开工作,通力协作,上一层次一般不宜干预下一层次的工作,这样就形成有序的层级管理。

(四)系统有序性原理

系统的有序性原理是指构成系统的诸要素虽然通过相互作用,在时间和空间上按一定秩序组合和排列,由此形成一定的结构,但它们之间仍然存在着有序性,决定着系统的特定功能。系统的有序性标志着系统的结构实现系统功能的程度。因此,系统有序性原理的实质在于揭示系统的结构和功能的关系。

系统有序性原理的基本内容有:①任何系统都有特定的结构。结构合理,系统的有序度高,功能就好;反之,结构不合理,系统的有序度就会降低,影响到系统功能。②系统由低级结构转变为较高级的结构,即趋向有序;反之,系统由高级结构转变为较低级的结构,即趋向无序。③任何系统必须保持开放性,才能使系统产生并且维持有序结构。

系统有序性原理对现代图书馆管理工作的具体指导意义表现在以下几个方面:第一,掌握系统有序性原理有助于深入理解图书馆系统对外开放和对内搞活政策。任何图书馆系统都应该是一种具有活力的耗散结构系统。耗散结构系统的存在和发展必须具备两个条件:一是对外开放,二是内部要有活力。只有对外保持图书馆系统的开放性,才能从外部环境中吸收负熵流,以抵消内部的熵增,使图书馆系统处于非平衡态或远离平衡态,即造成图书馆系统向有序发展的外部条件。对内要有活力,就是要保持图书馆系统内部的非平衡态。第二,掌握系统有序性原理有助于提高现代图书馆管理的有序度。要提高图书馆管理的有序度,必须科学地安排图书馆系统诸要素的合理位置,使之协调匹配,以减少内耗而求得统一的整体功能。为此,主要应使以下三个方面有序:目标体系有序;目标实施过程有序;组织系统有序。

二、人本原理

所谓人本,顾名思义就是以人为根本。图书馆管理的人本原理是指在图书馆管理活动中,坚持一切从人出发,以调动和激发人的积极性和创造性为根本手段,以达到提高管理效率和人的不断发展为目的的原理。人本原理就是以人为中心的管理,是一种尊重人、充分发挥人的主动性、积极性和创造性,使人的潜能得到最大程度地发挥的管理思想。

在图书馆管理过程当中,贯彻人本原理主要可以从以下几方面着手。

(一)把图书馆管理建立在对人性的理解和科学认识之上

从人本原理来看,图书馆管理主要是人(馆长、书记、副馆长、部门主任、小组长等)对人(普通馆员和读者)的管理。因此,建立任何管理制度,制订任何管理措施,都需要对人的性格特点有一个准确而科学的认识。这样就能使所制订的管理制度和措施有较强的针对性,使之建立在科学而实际的基础上,从根本上起到积极良性的作用。因为人是一个组织的主体,在一个组织中,处于核心地位的是利用这些资源创造出价值的所有成员。

(二)在图书馆管理中正确运用激励机制

人的需要是人普遍存在的自然本性,任何管理都应运用激励机制,通过满足人的各种合理需要调动人的积极性。需要决定动机,动机产生行为,这是人的行为产生发展的规律。

在图书馆管理活动中,通过认识和适当满足人的需要实施对人的管理具体包括三个方面的内容。

1. 通过理解人的需要实现对人的管理

图书馆管理实际上就是通过认识并理解人的需要,在这个基础上,鼓励、支持和强化个人的那些符合图书馆的需要、为图书馆所要求的愿望和追求,因为员工的参与是进行有效管理的关键。

2. 通过促进人的需要的满足实现对人的管理

人的全部行为归根结底都是为了满足自身需要的活动。管理就是要善于发现作为管理对象的人在一定环境下怎样行动,也就是要知道他们需要的是什么。所以,考虑作为对象的人的各种需要,解决个人需要与集体需要之间的矛盾是管理者的重要职责。图书馆管理者要把读者的需要、馆员的需要和图书馆的需要紧密结合起来,保证图书馆成员的个人需要不仅在一时一地得到满足,而且能够长期稳定地得到满足,以极大地调动他们完成图书馆任务的积极性,并进一步促进他们为满足需要、实现利益而努力。

3.通过唤起和促进人的需要的生成实现更为积极主动的图书馆管理

使人性得到最完美的发展是人本管理的核心。从某种意义上来说，能否唤起被管理者的需要是管理活动有效、成功与否的测量器。任何管理者都希望通过对被管理者施加信息影响，唤起他们对图书馆、集体必需的有关活动的兴趣。有效的图书馆管理是使被管理者自觉地把图书馆的利益变成其个人的利益，把图书馆的信念变成其个人的信念，把图书馆的事业变成其个人的事业。这时，被管理者对执行图书馆活动是出于其个人的内在推动、内在愿望。

(三)重视人的精神追求与价值观在图书馆管理中的作用

我国古代早有"为将之道，当先治心"的名言。随着社会的不断进步和人们物质文化生活水平的快速提高，人的精神追求、价值观的实现在管理中发挥的作用越来越大。因此，图书馆管理在这一历史潮流中也将顺应时代发展，重视文化建设，以使图书馆系统有明确的追求目标，形成良好的共同价值观和强大的精神凝聚力。精神凝聚力是最根本的凝聚力，任何图书馆只要形成了强大的精神凝聚力，就能充分发挥人的"自动自发"功能，就能经得起任何艰难困苦的考验，无往而不胜。

(四)创造能充分发挥人的聪明才智和拔尖人才脱颖而出的机制和环境

一般来说，一个体力、脑力比较健全的人，只要使其能力得到一定程度(不一定是全部)地发挥，就可以创造多于自己正常消费的财富，使人性得到最完美的发展是人本管理的核心。因此，要想提高图书馆管理水平，增强图书馆系统的活力，就必须大胆地改革管理机制。

三、动力激励原理

在管理活动中，人是管理的核心，如何激发人的积极性在管理中是极其重要的。激励方法主要包括物质激励和精神激励两种。物质激励是最常用的激励方法,表现形式多种多样。使用这种方法成败的关键在于控制物质激励中刺激量的大小,过大和过小都起不到最好的作用。应该根据个人满意度不断提高的规律,有针对性和递增性地控制物质激励的刺激量。在保障刺激适度的同时,引导员工对物质刺激量进行纵向和横向对比,提高对物质激励的认知程度和满意度。精神激励也是一种重要的激励方法,根据马斯洛的需求层次理论,个人在物质需求得到满足后,还会考虑精神需求。从满足人们精神方面的需求激发员工的工作动力也是管理工作中经常采用的方式。实践中如果将物质激励和精神激励结合起来,一般会起到更好地激励效果。

(一)管理动力的协调机制

由于图书馆管理的物质动力、精神动力和信息动力各自具有相对独立性,因此,如何有机地组合、协调地运用这三类动力就成为图书馆管理学需要研究的重大问题。

一般来说,管理行为在趋向系统整体目标的过程中,物质动力是其基础和前提,精神动力是其核心和灵魂,信息动力则是其必不可少的调节杠杆。三类动力各有自己的作用和意义,不可偏废。在不同的图书馆系统中,三类动力的地位和作用存在着各种各样的差异。即使在同一图书馆系统内,三类动力的地位和作用也会产生不仅随着时间、地点和条件的变化而变化,而且在不同结构和不同层次之间的区别。图书馆管理的任务之一就是要及时洞察其变化,把握其差异,采取既合乎实际又行之有效的措施,促使这三类动力相辅相成,发挥综合效力。

(二)正确处理个体动力与集体动力、眼前动力与长远动力之间的关系

从管理动力的角度看,任何一个图书馆系统的整体动力都是由图书馆内各个个体动力作用的结果。这些个体动力都各自有其物质动力、精神动力和信息动力。它们同图书馆系统整体动力并不总是完全一致的。

(三)管理动力刺激量的科学运用

根据控制论,可以通过一定的外部刺激获得图书馆系统的动力。即当图书馆系统及其要素的行为得到改善时,就予以鼓励、促进,这就是正刺激;反之,就予以惩罚、限制,这就是负刺激。从一定意义上讲,图书馆系统动力结构的优劣主要取决于正负刺激量的正确运用和是否恰当。因此,图书馆管理者必须注意:①管理刺激应以实现目标为准。②注意刺激的时效性。③就图书馆而言,每个成员都有自己的特性,他们的需求、个性、期望、目标均不相同,因此,图书馆的领导者必须针对其成员的不同特点,采取不同的激励方法。④奖惩分明,奖惩结合,以奖为主。

四、制约适度原理

制约指通过和采用组织方法、法律手段和经济措施保障管理工作按照已制定的目标顺利进行。需要注意的是,这种制约应是一种适度的制约,以保持整个系统各个部分的平衡,保障整个系统顺利运行。管理理论中的制约可分为自然制约和人为制约两种基本类型。自然制约主要是指市场竞争中客观经济规律对企业、价格的制约等,而人为制约指在管理过程中由管理人员主动设置的制约,例如权责制约、权力制约和奖惩制约等。

(一)权责制约

权责制约的目的是使组织中人、财、物流通的管理活动与其主观性和客观依据相一致,正确处理好权责之间的关系。

(二)权力制约

权力制约是指权力之间互相牵制,可降低组织运行的风险。

(三)奖惩制约

奖励和惩罚之间的相互制约是保证权责制约、权力制约得以实施的重要手段。

在图书馆管理过程中,如果能正确运用以上三种制约方式,将有利于图书馆的正常运行和社会文化功能的发挥。管理者在做到将权责制约、权力制约、奖惩制约综合应用的同时,又要做到制约适度,制约合理。

五、弹性原理

所谓弹性原理是指现代管理必须保持充分地弹性,为适应客观事物多种可能的变化而实行有效的动态管理。管理的对象及其制约条件往往都带有很大的不确定性;作为管理者与被管理者的思维活动也是不断变化的,这都要求管理工作要保持可以调整的余地。同样,现代图书馆的日常管理也应保持充分的弹性,留有充分的余地,可以根据可能发生的外部环境变化或者内部结构变化及时作出反应,调整图书馆的工作,实施有效的动态管理。

通常,在一个组织内部,弹性原理包括以下几方面的内容。

(一)组织目标的弹性

组织目标制订以后,组织成员应朝着这个既定目标共同努力。但是随着组织的发展,目标如果已不适合组织的现状,或者对组织成员不再具有指导意义,则应及时修改组织的目标。

(二)组织结构的弹性

组织部门应随业务的需要而增减变化,部门的划分没有永久性的要求,其增设和撤销应随业务工作而定,组织也可以设立临时部门或工作小组解决临时出现的问题。

(三)人力资源的弹性

组织的工作人员不是一成不变的,除了常规的工作人员外,还可以针对一些特定项目组成临时工作小组,工作任务一旦完成,小组即可解散。

划分组织部门应随业务的需要而增减和变化。在一定时期划分的部分,没有永久性的概念,其增设和撤销应随业务工作而定,组织也可以设立临时部门或工作小组解决临时出现的问题。

六、反馈原理

反馈理论是控制论的一个极其重要的概念。反馈就是由控制系统将信息输送出去，又将其作用结果返送回来，从而对系统信息的输入和再输出产生影响，起到控制的作用，以达到最终目的，它要求系统对客观变化作出应有的反应。换句话说，反馈就是计划、执行、检查、评价的循环往复，能够不断提供最新信息，为根据客观变化作出正确的决策提供依据。反馈分为两种，其中可以使下一个输出的影响增大，从而导致系统运动加剧发散的反馈叫作正反馈；而使下一个输出的影响逐渐减少，造成系统趋于稳定状态的反馈叫作负反馈。

运用反馈原理时应注意以下几点。

(一)反馈要及时

要及时发现管理与现实之间矛盾和变化的信息，注意信息的准确性和时效性，并根据反馈信息采取相应的措施，保证图书馆系统在最佳状态下运行，以取得最佳效果。

(二)反馈要适度

既要防止反馈过度，又要防止反馈不足，做到适可而止。

(三)反馈要准确

要建立高效的分析系统，以便可以过滤和加工感受到的各种信息，修正系统在目标运行过程中所产生的偏差，从而给予正确的判断和调节。所以一定要保证反馈信息和信息处理的准确性。

(四)反馈的随机性

内因和外因的相互作用会造成图书馆系统行为受到外界干扰，因此，应适时采取随机反馈的调节措施。此外，在实际工作中，注意调查研究和分析，加强科学预测，制定多种方案，最终实现图书馆系统管理的优化。

根据反馈原理，在现代图书馆的管理中应该建立一个有效的管理信息系统，具体负责内部管理信息和外部管理信息的处理。内部管理信息指财务经费、馆藏数量质量、读者、藏书利用、人员思想及业务水平等情况；外部管理信息包括读者需求变化、读者阅读心理、文献资源及其他情况。

运用图书馆管理信息系统进行管理信息的搜集、加工、转换以及利用信息进行预测和控制，及时准确地把各种反馈信息提供给管理者，以保证其决策的正确合理，帮助他们制订出更合乎实际的计划，实施有效的反馈控制。管理者可通过统计数据、调研报告和用户建议等各种信息资料发现计划执行中存在的问题、原因和解决办法，使图书馆系统按预定计划进行工作。获取反馈信息的方式是多种多样的，传统的获取方式包括问卷调查、访谈、座谈会等。随着信息技术的发展，又出现了以计算机网络为依托的反馈系统。现代图书馆既要注重对传统渠道的运用，又要善于利用最新的科技手段和技术，建立以电子技术为主要手段的现代反馈系统。

第二章　现代图书馆的战略管理

第一节　现代图书馆战略管理概述

一、战略和战略管理的一般原理

(一)战略和战略管理的概念

战略一般包括五个基本内容:

①战略是对前景的展望,即战略必须明确组织的使命。

②战略是一种定位,即明确产品的市场关系,确定组织生产什么产品,通过什么方式提供给什么样的人。

③战略是一项挫敌策略,即组织要明确在哪个方向上建立自己的竞争优势。

④战略是一种行动模式,即构建竞争优势的方式,组织通过怎样的活动培育核心竞争能力。

⑤战略是一项计划,它必须能够付诸行动。

战略管理不同于战略的制定,严格来说,战略管理是组织从整体利益和根本宗旨出发,为了获得长期、稳定的发展,在充分研究组织外部环境和内部条件的基础上,确定和选择组织的战略目标,并针对目标的落实和实现进行规划,进而培养组织的相关能力,将这种规划和决策付诸实施以及在实施过程中进行控制的一个动态过程。在竞争越来越激烈的今天,战略管理的成功与否决定着组织竞争的胜负,从某种意义上说,战略管理处于组织管理的核心和主导地位,战略决策一旦确定,组织的一切活动都要围绕其进行,战略管理影响着组织的各个部门、各个经营领域。

(二)战略层次

组织的战略具有不同的层次,战略管理也要在不同的层次上进行。一般的组织战略可划分为三个层次,即公司层战略、事业层(经营)战略和职能层战略。

1.公司层战略

公司层战略是组织总体的、最高层次的战略。公司层战略需要确定公司应该从事什么事业以及希望从事什么事业,公司层战略决定组织的方向以及每一个事业部将在公司战略中扮演的角色。描述公司层战略最常用的方法是大战略框架:①稳定战略;②增长战略,包括直接扩张、一体化战略(纵向一体化和横向一体化)、多样化战略;③紧缩战略;④组合战略。

2.事业层战略

事业层战略有时也称为竞争战略,它处于战略结构中的第二层次。事业层战略主要决定组织怎样在每项事业上展开竞争。在经营单位的战略选择方面,有以下三种可采用的一般竞争战略,分别是:①成本领先战略。通过低成本获得竞争优势;②差异化战略。针对特定顾客的特定需求,提供有针对性的产品或服务,从而获得竞争优势;③集中化战略。选取一个或几个细分领域开展竞争。

3.职能层战略

职能层战略是在职能部门中由职能管理人员制定的短期目标和规划,其目的是实现公司和事业部门的战略计划。职能战略通常包括营销策略、生产策略、研究与开发策略、财务策略、人力资源策略等职能策略。如果说公司战略和事业部战略强调"做正确的事情",则职能战略强调"正确地做事"。

公司层战略、事业层战略以及职能层战略构成了一个企业的战略层次,它们之间相互作用,紧密联系。

(三)战略管理的过程

1.确定组织当前的使命、目标和战略

每一个组织都需要使命,使命是对组织目的的陈述,回答企业存在的

理由是什么。组织的使命迫使管理者仔细地确定企业的产品和服务范围。当然,管理者还必须搞清楚组织的目标和当前所实施的战略,并对其进行全面而客观的评估。

2.外部环境分析

外部环境分析包括一般环境分析和产业竞争环境分析两个部分。一般环境是指法律、经济、社会文化、技术等方面,产业竞争环境是指产业结构,除了包括本产业内部的竞争关系,还包括进入威胁、替代品以及买方和卖方的议价能力等。通过外部环境的分析,组织可以适时地寻找和发现有利于企业发展的机会以及对企业来说所存在的威胁,做到"知彼",以便在制定和选择战略中能够利用外部条件所提供的机会而避开对企业的威胁因素。

3.内部环境分析

内部环境分析分为三个层次。第一个层次是分析产品市场关系,即确定组织的经营领域,解决产品结构的问题,主要考虑的因素是行业吸引力和组织的相对竞争地位;第二个层次是分析组织的价值链,也就是确定组织的活动结构,价值链分析是从创造价值的角度把组织活动连接为一个整体,分析组织的每一项活动对用户创造价值的大小和每一项活动的成本,从而分析组织的竞争优势;第三个层次是分析组织的资源与能力,资源是指创造价值的投入,包括财务资源、物化资源、技术资源、创新资源、商业资源、人力资源和组织资源等,组织的战略资源应在组织价值链活动中创造较大的价值,在市场上具有稀缺性,难以被竞争对手模仿且不可替代,而且本组织比竞争对手能以更低的价格获得;组织的能力分析主要是指对组织核心竞争力的分析,即组织的核心竞争力由何而来。组织内部环境分析是为了发现组织所具备的优势和劣势,以便在制定和实施战略时能扬长避短、发挥优势,有效地利用组织自身的各种资源。

4.制定战略

在公司层、事业层和职能层上分别建立战略,结合外部与内部环境分析,寻求组织恰当的地位,开发和评估可供选择的战略,然后选择能够充分发挥组织优势和利用环境机会的战略,以便获得领先于竞争对手的相对优势。战略制定过程所要解决的问题包括:组织进入何种新产业,放弃何种产业,如何配置资源,是否扩大经营或进行多元化经营等。

5.战略实施

一个成功的战略取决于成功的实施。战略实施要求组织根据已经制定的战略树立长期目标,制定相关政策,建立有效的组织结构,调整组织经营方向,培育支持战略实施的组织文化,激励和培训员工,合理配置资源,并通过多种手段使形成的战略得以贯彻执行。

6.战略控制

由于内部外部环境处于不断变化之中,为了使实施中的战略达到预期目的,实现既定的战略目标,必须对战略进行控制。组织需要时刻关注外部环境与内部因素,评估已取得的业绩,评价现有状况与预期的差异,找出差异产生的原因,对于不利的情况及时采取纠正措施。

二、图书馆战略管理的概念

(一)图书馆战略管理的概念

图书馆战略管理是指图书馆从整体利益和根本宗旨出发,为了获得长期、稳定的发展,在充分研究图书馆外部环境和内部条件的基础上,选择和确定图书馆的战略目标,并针对目标的落实和实现进行规划,进而培养图书馆的相关能力,并将这种规划和决策付诸实施以及在实施过程中进行控制的动态过程。

(二)图书馆实施战略管理的意义

1.战略管理能够引导图书馆应对变化,把握未来

在市场经济环境下,图书馆处在一个动荡多变的环境中,信息技术的迅速发展、社会信息需求的瞬息万变、信息市场竞争的日益激烈,使图书馆面临多方面的挑战,同时,环境的变化又会带来诸多的发展机遇。战略

管理强调审时度势、统揽全局、长远谋划,关注图书馆的外部和内部环境,收集有关图书馆环境及其变化趋势的数据,然后对这些数据进行分析,根据分析结果确定未来任务和目标,最后设计行动方案确保目标实现,积极主动地迎接未来的挑战。实施战略管理有助于图书馆管理者(尤其是高层管理者)完整地认识其所处环境、自身条件、未来情境,对未来作出明智的选择,为图书馆持续、稳定发展提供可靠的保障。

2. 战略管理有助于发挥组织的协同作用

真正实施战略管理的图书馆以战略为导向,以战略引导各个部门的活动。战略导向提供一种机制以避免牺牲图书馆整体利益,过度强调图书馆部门利益;指引管理者作出与图书馆目标和战略一致的决策;提供测评整个图书馆、部门和个人绩效的基础;制定具有统一的行为准则和评判标准,从而降低冲突、减少内耗,发挥组织的协同作用,使图书馆有限的人力资源、信息资源发挥出最大的效用。

3. 战略管理有利于图书馆规范组织行为,增强组织活力

战略管理确定的图书馆使命、任务、目标等可以为全体员工提供明确一致的努力方向,为资源配置、部门协调、绩效评价、公共关系等提供蓝本;它确定的行动方案一旦启动,可以给图书馆带来变化,注入活力,如改善馆藏结构和服务、改善部门沟通和利益协调、提高组织凝聚力、培育自我评估意识等。

4. 战略管理可以对图书馆员工产生激励作用

战略管理直接影响图书馆的命运与前途,与图书馆内部每一个单位、每一个员工的利益息息相关,而且图书馆战略管理的每一个阶段都需要全体员工的广泛参与,为制定战略献计献策,为执行战略贡献力量;也可以为图书馆员工提供获悉图书馆环境与工作过程的机会,并由此允许图书馆员工开展创造性、合作性的工作以实现共同目标。同时,战略管理中的战略目标往往是令人振奋的,所有这些都能给予员工极大的鼓舞和激励,调动他们的工作积极性,从而促使图书馆更快地发展。

5.战略管理可以对图书馆起到宣传作用

战略管理中确定的图书馆使命、任务、目标、行动方案,可以成为图书馆向地方政府争取经费、向潜在的捐赠者争取捐赠、向公众宣传图书馆作用的依据,它形成的规划书可以作为图书馆向利益相关者陈述自身责任和存在理由的基本文献。

(三)图书馆战略管理的特点

1.战略管理是有关图书馆发展方向的管理

战略管理特别关注图书馆的总体发展方向,它回答的是有关图书馆的高层次管理问题,如图书馆新的服务领域是什么、在该领域内可望取得什么样的差别优势、必须采取哪些战略推进措施等。

2.战略管理是以社会信息需求发展为导向的管理

战略管理强调对图书馆外部环境变化及其变化趋势的把握,图书馆必须充分考虑社会信息需求的发展变化可能给图书馆带来的机遇与威胁,使自身所制定的战略尽可能与这种变化趋势取得协调和一致,以便能够充分利用机会、避开威胁。

3.战略管理是面向未来的管理

战略管理的效果通常只有在几年后才能显现出来,换句话说,战略管理关注的是图书馆发展的长远利益。只有基于那些目前尚不确定而经过一段时期的努力才能够获得的要素之上的决策和行为才算是面向未来的战略管理。

4.战略管理是动态的管理

尽管在制定图书馆战略管理的过程中已经对外部环境和自身条件进行了分析,但由于外部环境和自身条件是处于动态变化过程中的,战略管理也必须随之进行相应调整。当某一阶段或某个战略目标实现之后,图书馆还要实行战略转移。当然,战略管理的动态性与战略本身的稳定性之间并无矛盾,战略的调整是依据外部环境的某些大的变化才作出的反应。

第二节 图书馆战略管理的层次和内容

一、图书馆战略管理的层次

图书馆的战略具有不同的层次,图书馆战略管理也要在不同的层次上进行。图书馆的战略可划分为四个层次,即国家图书馆事业战略、地区(系统)图书馆战略、单位图书馆战略和图书馆职能层战略。

(一)国家图书馆事业战略

国家图书馆事业战略是整个图书馆事业发展的战略总纲,是指导和控制地区、单位图书馆的最高行动纲领。它在分析我国整体图书馆事业发展环境的基础上制定,目的在于确保把握图书馆事业发展的方向,确定特定的历史时期图书馆事业发展的范围和重点,制定图书馆事业战略总目标和战略措施,作为各地区图书馆和单位图书馆发展的方向,从而充分发挥图书馆事业在社会、文化、经济中的战略作用。

(二)地区(系统)图书馆战略

我国图书馆事业是以行政隶属关系为基础、按图书馆领导系统组合而成的,因而在国家图书馆事业战略的基础上,必然形成地区(系统)图书馆战略。地区(系统)图书馆战略主要指以行政隶属关系(如公共系统图书馆、学校图书馆系统等)或行政区域为单位(如以省为单位),建立各系统或各省范围内的图书馆战略。在国家图书馆事业战略指导下,各系统图书馆分析本系统图书馆的特殊性质和任务,结合各地区经济、社会、文化发展状况,制定各地区或系统范围内的图书馆战略计划,提出地区(系统)图书馆建设发展的总体目标和要求,确定其战略重点、战略阶段和主要战略措施,贯彻国家图书馆事业战略。

(三)单位图书馆战略

单位图书馆战略是图书馆战略管理的重中之重,它起到承上启下的作用,一方面,它是国家图书馆事业战略和地区(系统)图书馆战略的延续,决定着图书馆事业的整体发展水平;另一方面,它明确了图书馆发展方向,决定着图书馆职能层战略的制定和实施。因此,人们在更多时候所提及的图书馆战略管理是指这个层次的战略。

图书馆的单位图书馆战略比较具体,是我国每个基层图书馆的管理者依据国家图书馆事业战略、地区(系统)图书馆战略,根据本单位外部环境和内部资源条件、用户群体类型、用户信息需求的满足程度等多方面因素确定的图书馆战略,目的在于发挥各个具体图书馆的功能,满足用户的信息需求,实现图书馆的社会价值。单位图书馆战略包括:确定单位图书馆的使命和发展方向,确定信息资源建设的范围和重点,制定具有自身特色的战略目标和主要战略措施等。

(四)图书馆职能层战略

对于中小型图书馆,图书馆职能层战略与单位图书馆战略合二为一。图书馆职能层战略是为贯彻、实施和支持单位图书馆战略而在图书馆的职能管理领域制定的战略,目的在于提高各种资源的配置效率,达到职能战略相互支持和补充,保证单位图书馆战略的实现。它由一系列详细的方案和计划构成,时间跨度短,具有行动导向性。图书馆职能层战略需要基层管理人员和员工积极参与制定,图书馆职能层战略包括:信息资源建设战略、人力资源战略、信息服务战略、资金战略、管理战略等。

二、图书馆战略管理的内容

战略管理是一个从思想到行为的过程,图书馆战略管理的内容具体包括战略制定、战略执行和战略控制等环节。

(一)战略制定

图书馆战略的制定既是一个复杂、连续的过程,又是一个不断适应、探索的过程。在战略管理的初始阶段,需要有领导机构负责内外环境的分析、战略决策、战略的具体化等工作,战略管理委员会的成员以馆内高层领导为主,同时还包括图书馆的员工、用户以及图书馆主管部门。为做好战略制定工作,必须抓好以下各个环节。

1.图书馆内外环境的分析

深入调查分析图书馆内外环境的过程,包括对内部条件、直接外部环境、间接外部环境的调查以及对未来环境的预测等,图书馆的优势与劣势、机遇与挑战的分析有助于发现用户的需求和图书馆潜在的问题。

2.战略决策过程

在环境分析的基础上,针对图书馆的战略性问题、对未来的设想和对照理想与现实之间的差距制定有效的战略方案,并进行战略方案的选择。其基本步骤有:规定图书馆的使命和目标;战略备选目标的探索、制定;战略方案的选择。在战略方案中,应明确规定使命与愿景、战略目标、战略阶段、战略重点和战略对象等。

3.战略具体化过程

图书馆战略制定完成后,还必须通过具体化以转换为各项可执行的行动计划。行动计划包括资源建设计划、服务计划、财务计划、设备计划、人力资源开发计划、组织计划等,并对这些计划作出合理的预算。在战略具体化的过程中,常常由于情况的变动而必须对战略进行调整。

(二)战略执行

战略的执行在整个战略管理中是很关键的工作,图书馆战略执行是指为了贯彻和实施已制定的方案而进行的各项活动,包括以下内容。

1.建立相应的组织机构

图书馆战略管理的实施要求建立一个高效率的组织机构,这种组织机构必须具备三个要素:一是目标明确,各组织都必须以战略目标为导向;二是相互协调,只有协调才能减少内耗;三是合理授权,各组织都应有一定的组织权限,上级应该充分授权,以便各负其责。

2.战略执行责任落实到具体部门或个人

战略执行必须层层分解,在空间上,明确各部门、各单位的任务和目标;在时间上,明确各单位什么时候完成任务、达到什么目标。

在战略执行的过程中,一方面要加强部门管理者的领导和指挥,另一方面一定要注重图书馆馆员工的培训和指导,让他们理解图书馆的战略,具备执行战略方案的能力。另外,要时刻关注外界因素对图书馆产生的不利影响。

(三)战略控制

战略控制指在战略实施过程中,为保证战略计划的执行所进行的纠正偏差的行动。通过战略控制,一方面可以及时发现战略执行中存在的不足之处,为完善战略管理提供参考;另一方面可以作为重要依据评价战略管理及其目标的实施效果。战略控制过程包括以下内容。

1.制定评价标准

评价标准用以确定是否达到预期战略目标,同战略目标的要求一样,它也包括定性标准和定量标准。

2.评价工作成绩

管理者通过观察、报表、报告、抽样调查、召开会议等多种方法获取图书馆实际工作绩效方面的资料和信息,并把图书馆战略管理中取得的实际成绩与评价标准相比较。

3.反馈与纠正偏差

对控制过程中出现的问题,必须针对其产生的原因采取纠正措施,以便真正达到战略控制的目标。

第三节 图书馆战略管理的条件分析

在现代信息社会中,图书馆所面临的外部环境充满了大量的不确定性因素,诸如全社会的信息技术水平不断提高,相关信息机构竞争日益激烈,通过实行战略管理,图书馆将会对内部资源条件和外部环境的变化有更充分地认识,以采取相应的措施,改变图书馆的现状,从而创造并保持其核心竞争力。

图书馆的战略管理同样需要按照战略管理的步骤进行。首先应确定图书馆的历史使命，其次应分析图书馆的外部环境和内部条件，然后根据分析的结果，制定战略目标，最后将战略目标付诸实施并加以控制和评价。

一、图书馆的外部环境

图书馆的外部环境可以分为一般环境和产业竞争环境。

(一)一般环境分析

1.经济因素

随着国民经济的发展，我国各级政府部门对图书馆的投资普遍增加，许多省级图书馆建设了新馆或正在建设新馆。同时，改革开放也在一定程度上提高了图书馆专业队伍的效率和效益意识，促进了图书馆管理的改善。

另外，在我国社会主义市场经济建设和社会信息化进程中，使得人们越来越接受商品、经济、效益的观念，知识和信息的价值日渐从物质价值构成中独立出来，出现了信息商品化，越来越多的信息被当作商品投入市场，商业性机构不断推动政府制定有利于信息市场的政策。

2.社会与文化因素

教育和科研是文献产生的两大本源，我国社会教育和科学研究快速发展，使得文献量激增，客观上要求有相应的机构对大量的无序文献做出整理，以利于其传播。同时，教育和科研的快速发展也提高了社会的文献需求量，这两方面都对图书馆的发展起到了促进作用。随着知识经济的到来和学习型社会的建设，知识的社会价值空前提高，人们开始认识到信息的巨大作用，对人类知识进行组织整理、交流传递的图书馆将会在科学教育中发挥积极作用，这给图书馆的发展带来了机遇。

3.技术因素

随着互联网及相关服务的发展,互联网已经成为人们工作学习、获取信息、通信交流、休闲娱乐的手段和工具。信息技术的发展使得图书馆的中介地位削弱,社会公众日常生活和娱乐所需要的信息正在越过图书馆。因此,传统图书馆的中介地位受到了挑战,如何在网络环境下提供高质量、高水准的信息服务是图书馆面临的重大问题之一。

(二)产业竞争环境分析

产业的概念一般应用于经济领域,在这里为了便于分析,把图书馆事业也看作是现代信息服务产业中的一种。

1.本产业内部的竞争关系

对于图书馆来说,本产业内部的竞争关系主要包括两种。第一种竞争关系指各图书馆间的竞争,这种竞争的主要表现首先是对读者的争夺,资源拥有量大、服务质量好、工作手段先进、环境设施优雅的图书馆会拥有较多的读者;其次是对资金投入的争夺,一般来说,国家对发展前景好、在社会上发挥较大作用的图书馆会有更多的资金投入。图书馆与图书馆之间不仅具有竞争的关系,更多的还是合作的关系,如编制联合目录、馆际互借、资源共享、馆员合作培训等,只有进行合作,图书馆的整体功能才能得到更大程度的发挥。在政策的鼓励和引导下,我国民营图书馆在最近几年获得了快速发展,其商业化的运营和管理模式,多角度地以用户为中心的理念必将为我国图书馆事业注入新的竞争元素。

第二种竞争关系指图书馆与非图书馆界的其他信息机构的竞争,如情报所、信息中心、信息咨询服务机构等。图书馆与情报所相比,在情报研究、用户基础、信息网络等方面都略为逊色,但其具有文献资源充分的优势及精于文献加工的特长。而信息咨询服务机构具有竞争意识强,经营灵活、主动等特点,以市场需求作为信息产品开发的主导,为用户提供针对性强、时效性高的实用信息以及灵活、增值的个性化服务,与这类机构相比,图书馆在提供信息产品的数量、种类上差距较大,在服务的深入、细致上差距更大。总的来说,图书馆在服务理念、信息分析和研究能力、人员知识背景等方面都存在一定的差距。

2.进入威胁

一个产业由于新的进入者带来了额外的生产能力,因此,对原有的产业内组织造成了威胁。随着社会信息化进程的深入和信息产业的发展,越来越多的机构开始进入文献信息服务领域,与图书馆展开竞争。

对图书馆能够产生进入威胁的首先是与图书馆有着历史渊源的出版商、发行商、文献索引商及检索服务商。在传统的文献信息服务链中,它们处于图书馆的上游,主要为图书馆提供资源服务。近年来,随着网络化和数字化的发展,这些资源供应商开始直接面向终端用户提供 Web 信息服务,其次是新的行业进入者,如互联网内容提供商、新型集成化信息服务商,它们依托其在资金、技术、资源以及商业化运作模式等方面的优势,与图书馆在文献信息服务领域展开竞争。此外,网络搜索服务商也在不断地拓展其服务范围和深度,与图书馆争夺用户资源。

3.替代品

这里所说的替代品主要是指那些虽然不是信息服务机构提供的,但在关键功能上与图书馆具有相似之处的产品和服务。在信息丰富的时代,图书馆的替代品非常多。如果这些产品和服务具有更低的成本,更优质的性能,就会给图书馆带来一定程度的冲击。这种冲击主要来自同属于向社会和公众传播信息、提供文献为主要目标的部门,如广播电视业、网络等。长期以来,广播电视凭借其信息含量大、服务免费或费用低廉、信息及时、形象生动的优势拥有大量的用户,尤其是近年来,电视价格的下调和电视性能的提高使得电视更为普及,电视内容越来越趋向精品化、多样化;同时,电视文化突起,冲淡了书籍文化的浓度,图书不再是唯一的知识来源,在获取信息方面,更多的人倾向于选择广播电视媒介。

因此,用户进行深入、系统、针对性的信息收集仍需借助于信息服务机构。与广播电视信息相比,网络信息可以完全从用户的角度出发,由用户自由选择在何时何地获取何种信息,网络上的信息通过网上搜索引擎的整理,具有良好的检索性。与图书馆的信息服务相比,网络信息更具有方便、快捷、针对性强的特点。然而值得欣慰的是,网络信息的庞杂使得人们认识到信息整序的必要性。因此,图书馆在网络环境下仍有很大的发展机遇,问题的关键是是否认识到了这一点,是不是能够抓住机遇。

同时,租书业也日益兴隆,主要迎合了读者休闲娱乐的需要,选择的图书大多为图书馆不收藏或品种、复本甚少的热门书,进书渠道广、上市快、租金也不高。相对来说,图书馆新书上架慢,拒借率高,影响读者的选择使用;图书借阅手续复杂,甚至还有各种限制。另外,电子阅读器、电子书、网络出版以及按需印刷等新技术和新产品在一定程度上也对图书馆产生了威胁。

4.卖方的议价能力

对于图书馆来说,出版发行业是供应商,其竞争性对于图书馆来说是不容忽视的,它的竞争性主要表现在对价格的控制和对读者的争夺上。同时,作为图书馆各种信息资源来源的供应商,如出版发行单位、数据库开发商等,开始拓展机构用户以外的个人用户,在某种程度上对图书馆产生了威胁,也增强了自身的议价能力。供应商直接面对用户进行营销,带来信息服务业内部分工结构的变化。但图书馆可以采取有效的合作和联盟,通过集团采购降低供应商的议价能力。

图书零售业正在改变传统服务的面貌,吸引读者。在经营过程中,图书零售业注重及时、高效、个性化服务,营造书香氛围,满足读者对流行图书的需求,吸引了大量读者。

5.买方的议价能力

对于商业企业来说,买方指的是购买企业商品的顾客,对于图书馆来说,买方指的就是图书馆的用户,因为正是他们在利用图书馆的信息产品和信息服务。读者可以选择图书馆作为自己的信息来源,也可以选择其他方式获取信息。读者选择能力的大小就是读者的议价能力。

读者议价能力的高低可以从以下几个方面考虑：第一，用户的服务意识不断加强，对图书馆的要求和期望不断增加，要求图书馆提供更加多样化、个性化、专业化的产品和服务；第二，读者的选择范围，读者的选择是多种多样的，广播媒介、网络等都可以为读者提供大量及时生动的信息；第三，读者的购买力，随着人们收入的增加，读者的购买力不断提高，因此，当人们喜欢或需要某一本书时，很多人更愿意选择购买而不是去图书馆；第四，读者的价格敏感度，如果读者不在乎价格的高低，那么图书馆的服务收费就不会影响到读者对图书馆的利用。

二、图书馆的内部条件

关于图书馆在信息社会的优势和劣势，可以继续从战略管理的角度讨论图书馆的竞争实力问题。

(一)图书馆的优势分析

1.图书馆的公益性

图书馆作为一个公益性的社会文化机构，代表着一种维护社会信息公平的制度。它为社会所有成员免费、公平地获取知识与信息提供了平等的机会，为实践社会民主与公平、倡导社会正义提供了基本保障，也为社会全体成员参与和分享以知识为基础的社会成果、提高自身创造能力提供了最好的公共平台。这正是图书馆区别于其他信息机构的根本性质，也是图书馆在促进"和谐社会"发展中较之其他信息机构的根本优势之所在。

2.丰富的文献信息资源

图书馆的社会职能之一是保存文化遗产。经过多年的发展与积累，图书馆文献信息资源已由单一的印刷型向印刷型、缩微型、音像型、电子型等多媒体并存的方向发展，形成一个全方位多功能的信息保障体系，并以新的资源优势服务于社会。另外，现代信息技术推动着图书馆信息资源共建共享实践的发展，这更加丰富了图书馆的信息资源。

3. 系统化的信息组织开发体系

图书馆具有较为成熟的信息分类、组织、检索等技术,结合现代的计算机检索、超文本链接及多媒体检索等新兴信息技术,图书馆可以有效地采集、组织、管理和传播信息,建立学科信息门户、网络信息导航库、网络专业信息指南系统,在未来的信息社会中发挥更大的作用。

4. 人力资源优势

图书馆拥有一支稳定的、庞大的具有信息开发能力的工作人员队伍,他们拥有丰富的工作经验、扎实的专业基础知识和精良的业务技能,为图书馆的发展作出了不可磨灭的贡献。

5. 设备优势

近年来,图书馆的自动化建设已取得了一定成绩,各图书馆一般都配有基本的信息处理设备,发展较好的图书馆已实现了各个工作环节的自动化,数字图书馆、图书馆网络正在建设之中。此外,大型图书馆还能获得强有力的国家资助引进各类先进的信息技术设备。

(二)如何发挥图书馆的优势

按照战略管理理论,内部环境分析分为三个层次,第一个层次是分析产品市场关系,对于图书馆来说,就是分析图书馆的信息产品和信息服务,它们是面对哪些读者开展的,与其他信息机构相比具有什么优势,是否能够吸引用户。第二个层次是分析组织的价值链,对于图书馆来说,就是分析图书馆的活动结构,分析图书馆的每一项活动对用户创造价值的大小和每一项活动的成本。第三个层次是分析图书馆的资源和能力,尤其要分析图书馆的战略资源和核心竞争力。

1. 图书馆具有公益性

对于不同的图书馆来说,面向的人群有所不同,但图书馆的基本性质是一致的,与任何一个信息机构相比,图书馆的公益性都具有最大的优势。

2.图书馆的活动结构是图书馆的业务工作和辅助工作

业务工作主要包括文献资源的采购、分类、编目、索引、参考咨询、借阅等工作,辅助工作主要指行政管理、财务管理、后勤管理、人力资源管理等。图书馆应从用户的角度出发构建组织机构,重组业务流程,减少不必要的手续,提高工作效率,对用户有价值的工作流程保留,对用户价值小的业务流程则应进行改造或合并、取消。

3.采取多种渠道实现资源共享

能力是图书馆的核心竞争力,而在现代信息社会的条件下,图书馆的战略资源和核心竞争力都受到了挑战。

一般图书馆的大多数信息资源都是印刷型的,而磁介质存储技术、光盘存储技术和网络通信技术的发展改变了文献的存在形式,图书馆以往的资源体系已无法适应读者新的信息需求。因此,发展印刷型、声像型、电子型、网络型等全方位、多功能的信息保障体系对图书馆来说至关重要。然而,当今图书馆经费的普遍不足又限制了图书馆的资源采购,解决的办法之一是积极开展图书馆合作,各馆联合采购,减少重复采购的数量,并争取利用联合优势迫使出版社给予图书馆一定的优惠,建立特色馆藏,合理使用经费,发展图书馆联盟,实现资源共享。图书馆可以通过特色馆藏的建设、网络信息资源的充分利用和馆间互通有无,建立新的战略资源。

三、图书馆的核心竞争力分析

核心竞争力是竞争优势的源泉,图书馆的战略管理必然离不开核心竞争力的构建。下面在首先探讨核心竞争力的基础上,结合图书馆外部环境和内部条件的分析,提出图书馆的核心竞争力。

(一)核心竞争力

战略管理强调建立组织的竞争优势,而核心竞争力是竞争优势的源泉这一观点已被大多数人所接受。由于战略管理学派众多,各有所长,因此,对核心竞争力的界定也不尽相同。从早期的资源观、战略资产观,到后期的技术能力观、组织能力观、应变能力观、核心能力观,经过了一个渐进的认识过程。虽然对组织的核心竞争力还无法作出一个统一的界定,但仍可以通过以下描述对其进行大略的概括。

①核心竞争力不等于组织拥有的资源。一个组织竞争力的大小不在于它拥有什么,而在于它利用所拥有的东西能够做什么,是否能够最大限度地发挥资源的效用。

②核心竞争力应是相互关联的知识、技能、能力的集合体。物质资源在信息社会中的经济地位已经逐渐让位给智力资源,同一单位产出中智力资源所占的比重越来越大。

③核心竞争力是组织的基本价值所在,它应该融于组织管理系统和组织文化价值之中。现代组织必须认识到组织文化的巨大作用,只有拥有良好的工作氛围才能将组织中的员工有效地组合和调动起来,以此形成强大的动力。

④核心竞争力应具有良好的辐射性,能够广泛地应用于组织的各项活动中。

⑤核心竞争力要具有良好的适应性,能够随外部环境不断变化。

⑥核心竞争力应该使别人难以模仿。

⑦核心竞争力能够为用户创造较大的价值,在价值链中发挥巨大的作用。

(二)图书馆的核心竞争力

从现有的研究成果来看,国内理论界对图书馆核心竞争力的研究和理解呈现出百家争鸣、百花齐放的局面,对图书馆核心竞争力的研究和理解可以概括为以下几种主流观点。

1.社会制度观

从社会制度的角度理解图书馆的核心竞争力,认为它是保障知识自由的一种社会制度,简称为社会制度观。

2. 系统整合观

从系统角度理解图书馆的核心竞争力,认为其是技术、技能、管理、经营、组织和文化的有机整合,简称为系统整合观。

3. 知识服务观

从服务角度理解图书馆的核心竞争力,认为知识服务是图书馆的核心竞争力,简称为知识服务观。

4. 社会功能观

从功能角度理解图书馆的核心能力,认为信息资源的集藏与整序能力是图书馆的核心竞争力。

这一概念可以从以下几个方面理解:

①图书馆核心竞争力是图书馆发展历史上长期形成的并已融入图书馆内质中的能力。图书馆核心竞争力同样是一种"累积性学识",没有长期的积累,很难形成自己的核心竞争力。

②图书馆核心竞争力是该图书馆区别于其他图书馆的明显特征,应该独具特色,使该图书馆具有独特的竞争性质而难以为竞争对手所模仿。因此,图书馆的核心竞争力是图书馆差异化的有效来源。

③图书馆核心竞争力是建立在图书馆的人力资源、文献资源、技术设备资源等资源基础之上的能力。一般说来,只要存在竞争,就存在资源的占有和配置问题,图书馆核心竞争力的大小也取决于对各种资源获取、开发及整合能力的高低。

④图书馆核心竞争力是其保持长期持续竞争优势的源泉。要在竞争的环境中不断发展,就必须识别、培育和提升自己的核心竞争力。

⑤图书馆核心竞争力是一种相对于其他能力而言处于核心地位、支配地位的能力。

这一概念比较接近于"系统整合观",但更强调该能力与其他能力及资源之间的关系,因此,可以理解为"基于各种资源的能力""整合、协同各种要素的能力"以及"支配各种能力的能力"。

第三章　现代图书馆的知识管理

第一节　图书馆知识管理概述

一、图书馆知识管理的目标与特征

图书馆知识管理的目标既可依据发展阶段划分,又可根据内容划分。图书馆知识管理的特征主要表现为以知识资源作为管理的核心、重视人的作用和发展、重视知识共享和创新、效益的潜在性、间接性四方面。

(一)图书馆知识管理的定义

图书馆知识管理是指图书馆应用知识管理理论、技术与方法,合理配置和使用知识及其相关资源,充分满足用户不断变化的信息与知识需求,并提升现代图书馆各项职能的过程。它可以从广义与狭义两方面理解。广义的图书馆知识管理是对图书馆内与知识生产、获取、组织、存储、交流、传播、应用有关的一切活动及其规律的管理与研究,既包括图书馆知识运营过程的管理,也包括图书馆知识资本的管理,涉及图书馆的人力资本、结构资本、市场资本与知识产权资本的全方位管理,还包括知识管理与图书馆学、情报学、图书馆管理学互动规律的研究;狭义的图书馆知识管理是对图书馆内知识本身的管理,包括对知识的生产、获取、组织、存储、交流、传播和应用的管理。

(二)图书馆知识管理的目标

不同组织的知识管理有着不同的具体目标。图书馆实施知识管理的目的在于合理地组织与利用图书馆的各种资源,构建学习型组织结构,优化图书馆业务流程,最大限度地提高图书馆系统功能,帮助员工更有效地获得完成其任务可利用的知识,为员工提供有效的知识共享平台,最大限度地捕获、挖掘、利用、传播知识,提高员工知识创新和知识服务能力,更好地满足社会与用户对图书馆的信息与知识需求,促进社会与图书馆之间、用户与图书馆员工之间的和谐发展;通过提高图书馆自身的管理效率以提高图书馆的服务效益,使其适应知识经济社会的发展,增强其在与信息资源相关的各种社会机构中的竞争能力,使其在更广泛的领域发挥更大的作用。

1.根据发展阶段划分图书馆知识管理目标

根据图书馆知识管理的发展阶段,可以将图书馆知识管理的目标切分为短期目标、中期目标和长期目标。

(1)短期目标:建立图书馆知识管理系统

建立图书馆知识管理系统,其目标是在图书馆、员工、用户三者之间建立动态的知识交流机制。图书馆知识管理系统是支持基于知识管理的图书馆实践的工具与技术,它既是一种具有知识库管理能力和协同工作能力的计算机软件系统,又是一种能够为用户或图书馆员工提供决策和完成各项任务所需知识的网络系统。它能促进隐性知识与显性知识、个人知识与集体知识的相互转化,提高图书馆知识服务水平及其核心竞争能力。知识库系统,即知识的集合,是知识管理系统的核心,知识库的建立实现了知识和信息的显性化和序化,加快了知识和信息的流动,有利于知识共享与交流,利于实现组织内部的协作与沟通。图书馆知识管理系统具有八项功能:知识检索功能、知识表示功能、知识出版与组织功能、知识获取功能、知识通信与合作功能、学习功能、知识服务以及管理功能。

(2)中期目标:知识创新

中期目标就是要建立基于知识的一系列竞争优势。知识创新是图书馆实现自身竞争优势的核心。员工利用自己独特的知识和能力,通过对信息和知识的深层次加工,形成有独特价值的知识产品,发挥知识的"外部性"和"溢出效应",促进图书馆效率、效益的提高。解决用户凭自己的知识和能力所不能解决的问题,从而实现自身在社会知识创新、知识扩散和知识应用链条上的独特价值。知识共享、知识重组和知识再造是该阶段的重要环节。在图书馆管理过程中,时常在进行隐性知识与显性知识、个人知识与集体知识的相互转化。促进隐性知识与显性知识的相互转化是知识管理的首要任务。知识共享的核心在于用最佳方法进行知识交流,使个人知识为组织成员所共享,变成集体的显性知识。知识重组是在特定目标的指引下,寻求知识间的内在联系及未来动向,形成动态知识系统。图书馆员工通过各种方法对许多原始信息进行整理、编码、分类、排序、分析和研究,提炼出新的知识体系。知识再造是在知识重组的基础上,通过图书馆员工的智力劳动,在现有知识水平、知识联系及知识未来水平预测的基础上,将隐性知识转化为他人易于理解的显性知识的过程。这种新知识表现为决策所需求的知识方案、设计方案及知识产品。一些独特的知识产品,如数据库、知识库、智能工具、应用软件或电子出版物等,往往可得到版权或专利权的保护,使图书馆拥有自主知识产权。在知识经济时代,拥有自主知识产权的多少将成为衡量基于知识管理的图书馆水平的重要指标之一。

(3)长期目标:提升知识服务能力

知识服务是图书馆联结用户和市场的纽带,直接支持用户知识应用和知识创新过程的知识和能力,成了图书馆基于知识管理的图书馆绩效评价研究的核心能力。基于这种核心能力的知识服务是图书馆实现其社会价值、参与知识市场竞争的有效手段,在基于知识管理的图书馆管理中占有重要地位。由于知识服务是在知识管理基础上得以实现的,建立知识管理系统、培育知识员工、构建知识型团队、建立学习型图书馆,将分别从技术、人力资源、组织结构和文化方面为图书馆拓展知识服务提供支撑与保障。从图书馆功能出发,以用户为中心,是现代图书馆最高理念之一。图书馆的生存发展必须是以用户满意为基础,所以,明确用户的知识需求是提升图书馆知识服务的前提条件。知识服务的方式可以归纳为知识导航、知识咨询、知识集成、知识营销四种方式,用户面临着如何从浩瀚繁杂的信息海洋中捕获和析取所需的信息内容,知识导航服务将这些信息重组或创新,生成相应的知识或解决方案;知识咨询是以知识为基础,依靠专家的知识、经验和技能,借助一定的手段,对用户所提出的问题、课题或项目进行分析研究,并提出解决问题的建议、方案和措施;图书馆利用现代信息技术,将知识导航、知识咨询等服务进行整合,为用户提供知识集成服务;知识营销是指图书为用户提供知识产品市场的调查与分析,参与拟定产品价格、建立分销渠道等相关事务,通过产品知识宣传创造市场需求,实现知识产品的商品化和市场价值,提高图书馆的效益。

2.根据内容划分图书馆知识管理的目标

从内容上看,图书馆知识管理的目标包括以下几点。

(1)知识增值

图书馆知识管理是把馆藏文献资源当作知识来管理,需要重点考虑如何使知识发挥作用和以知识增值为目标的管理。以知识增值为目标的管理是一种知识导向型的管理,它以知识为核心,以文献的内容和读者需要为导向。图书馆为读者了解知识、分析知识、综合知识和获取知识提供了便利的条件,通过有效的管理,文献中的知识能够更好地为更多的读者所利用,转化为读者的知识,让更多的人分享知识的价值,从而增加知识价值。

(2)知识创新

图书馆知识管理的一个重要目标就是通过对图书馆馆藏知识的有效管理促进知识创新,为知识创新服务。其作用包含如下两方面:一方面,图书馆为知识创新活动提供了信息保障,推动知识创新成果转化为现实生产力;另一方面,图书馆是培养具有创新人才的重要场所,对提高人们获取知识、利用知识以及创新能力具有重要的作用。另外,知识创新不仅是提出新理论、新知识,作出新的发明创造,而且还包括对已有知识的组织、管理,展现已有知识中人们还没有认识的新内容。通过知识的管理,形成图书馆的知识创新团队。

（3）读者的发展

①读者知识的发展

图书馆知识管理以新的理念和方式，为读者提供更好的知识服务，可以有效地促进读者知识的发展。帮助读者获取知识、发展知识是图书馆的根本目标，图书馆所做的一切工作都是为了达到这个根本目标。图书馆知识管理就是适应时代的发展，为了达到这个目标所进行的一种新型的管理理念和工作方式。

②读者素质的发展

图书馆不仅有传播知识的功能，而且还有育人的功能。图书馆在自己的工作中，不仅向读者传播知识，而且也把特有的工作理念、工作作风、行为方式展现在读者面前。若图书馆思想解放、工作要求严格、待人和蔼、开拓进取，读者也会受到熏陶，养成认真、进取的作风。图书馆知识管理同传统的图书馆管理相比，更具有创新性和积极性，对读者的素质要求更高，更有利于读者素质的发展。

（4）管理者素质的发展

①管理层素质的发展

品格决定行为。馆长具备怎样的品格直接关系到自身甚至影响到图书馆馆员们的行为，图书馆馆长的高尚品格体现在各个方面。

馆长的文化底蕴直接影响图书馆人文建设的文化底蕴，影响图书馆的文化氛围。馆长首先要有科研能力，才能培养图书馆的科研人员，才能领导一些具有较高的专业文化和业务能力以及有一定的学科专业水平的馆员，才能指导和帮助他们提高图书馆的科研水平。馆长还要不断地对参加科研活动，包括为科研工作者提供文献信息资料的学科馆员给予鼓励和奖励。这样，才能巩固和发展图书馆的科研水平。

馆长具备了较强的领导才能，就能使学科馆员工作时有内在的凝聚力和向心力，就能使馆员对读者服务能力提高，使馆员精神振奋，不断进取，使他们开阔思路、增加知识。

②馆员素质的发展

图书馆知识管理对图书馆馆员的素质提出了更高的要求。要求馆员不仅要掌握图书馆所需的相关知识,有认真工作的敬业精神,而且要求馆员至少懂得一门其他学科的专业知识,懂得读者求知的心理和习惯,有对于知识的热爱和追求。在图书馆实行知识管理,必然有提高馆员素质的要求,客观上会促进馆员素质的提高,又会促进图书馆知识管理工作做得更好。

(5)社区文化的发展

图书馆作为文化设施,对所在地区社区文化的发展也有良好的、重要的作用。图书馆知识管理对于社区文化的发展来说,不仅在于它提供了良好的文化服务,而且在于它把关于知识和知识作用的观念、知识发展的形象带到了所在的社区。在潜移默化中使人们受到文化的熏陶,感受到知识的力量和价值,促进了社区文化水平的提高,推动了社区文化的发展。

(三)图书馆知识管理的特征

随着知识经济的发展,知识管理在图书馆中将会发挥越来越重要的作用。图书馆知识管理是知识管理理论在图书馆的具体应用,它是知识经济时代新的图书馆管理模式,具有传统图书馆管理无法比拟的优势和特征。

1.以知识作为管理的核心

无论狭义的图书馆知识管理,还是广义的图书馆知识管理,都是以知识为核心的管理。战略重点是促进内部员工隐性知识与显性知识的相互转化、共享与利用,和外部社会化显性知识的组织、存取与提供。

2.重视人的作用和发展

图书馆知识管理通过开发图书馆员工潜能,加强职业培训与继续教育,不断提高员工的知识水平以及获取知识和创新知识的能力,并激励员工将其知识与智慧应用于业务与服务之中,在尊重个人价值与自我实现的基础上实现图书馆集体价值目标。

3.重视知识共享和创新

图书馆知识管理的一个主要目标是促进内部员工之间的知识交流与共享,它要求所有员工共同分享他们拥有的知识,提升图书馆知识创新与利用的能力。另一个主要目标是知识创新,图书馆知识管理不仅是对知识信息的收集、存储、整理与传递进行机械性的管理,而且把握知识间、知识与用户间的相互关系,创造新知识去满足社会发展和用户对信息知识的需要。

4.效益的潜在性和间接性

图书馆知识管理不仅强调人、财、物等硬生产要素,而且更加重视知识、信息经验等软生产要素在集成聚变中的主导作用。通过资本存量、知识存量的裂变重组与功能放大,从而突破传统管理模式的明确边界与等级制金字塔型结构,实现管理组织结构的网络化与虚拟化。

二、图书馆知识管理的意义

(一)知识管理与图书馆核心竞争力

1.图书馆核心竞争力

核心竞争力的观点很快就得到了企业界和理论界的共鸣,并得到了广泛普及。图书馆核心竞争力是指图书馆能在充分发挥自身资源优势的基础上,及时掌握并适应用户需求变化的趋势,经过长期培育而形成的能最大限度地满足社会需求并不断发展的独特的竞争优势,并能增强图书馆在信息服务业中竞争实力的关键能力。核心竞争力是图书馆发展的决定因素,是其他竞争对手难以超越和模仿的特殊能力,它通过图书馆的整体综合实力和信息服务体现出来,主要表现为领先于竞争对手的网络信息技术和体现这一技术的持续改进的新产品和新的服务方式,领先于竞争对手的管理氛围和价值观念,迅速适应网络环境的变化并不断强化、改善数字化、网络化信息服务水平的能力。

2.知识管理是图书馆核心竞争力的保证

核心竞争力是一个行业发展的不朽动力和保持竞争优势的关键因素,直接关系到一个行业的可持续发展和综合实力的提高及整体竞争力的增强。因此,图书馆要想在竞争日益激烈的 21 世纪立于不败之地,只有不断开发和打造其核心竞争力,才能从容地迎接各种挑战,才能做到与时俱进,使图书馆创造出更大的经济效益和社会效益。

知识经济下的竞争是知识和知识创新能力的竞争,是社会机构核心能力、知识含量的竞争。面对众多网络信息服务系统,图书馆工作的竞争力已受到极大的挑战,而现代化的管理理念是图书馆形成核心竞争力的保证。现代科学的知识管理体系可以将各种分散的人力和技术资源有效地集中组织协调起来,以发挥整体优势。随着图书馆赖以生存的内外环境的重大变化,其管理的理念和模式也有了相应的变化。通过知识管理创新,重新组合管理资源,更有效地实施知识管理行为,实现组织的创新效益,形成一套灵活的知识管理机制,才能在市场经济竞争中赢得管理效率和效益的优势。在知识管理中充分体现"以人为本"的精神,运用"能本管理"思想,合理调配人员,使每一个人都能找到最适合自己的工作岗位,从而最大限度地发挥人的主观能动性,在工作中不断思考、创新,提高工作质量,进而提高整个图书馆的服务水平。知识管理利用先进的信息技术充分挖掘用户潜在的需求,提供个性化的信息服务,以用户的需求为导向,不断优化和拓展图书馆业务,不断打造图书馆核心竞争力,以实现图书馆的持续发展。

(二)图书馆知识管理的必要性

1.知识经济发展的必然要求

在知识经济时代,知识将成为推动社会发展的主要力量,知识将真正取决于其所占有、运用知识的程度。在知识经济时代,管理更多的是对知识有效地识别、获取、开发、使用、存储与共享,探索显性知识和隐性知识构建、转化和共享的途径,运用集体的智慧提高应变和创新能力。由于知识成为社会发展的驱动力,成为创造财富的主要资本,社会对知识信息的关注度空前上升,人们对知识信息的需求不断增长,这为图书馆的发展提供了难得的机遇。另一方面,由于知识信息已成为现代经济体系中重要的生产要素,社会必然要求强化对知识信息的管理,这对图书馆的发展无疑是一个严峻的挑战。图书馆作为从事知识信息资源管理的专门机构,在提高国民的文化素质、科技素质和道德素质,推动社会进步的伟大进程中,必须发挥其不可替代的作用。因此,图书馆要想顺应知识经济的潮流,就必须实施知识管理,图书馆拥有丰富的馆藏资源,为知识经济提供了智力资源,图书馆拥有一支专业化的人才队伍,能够及时准确地为用户提供他们所需的知识。可以说,图书馆实施知识管理是适应知识经济时代过程中不可回避的历史选择,是顺应历史潮流与创新的必然趋势。因此,图书馆作为社会提供知识的机构,必须顺应这一社会趋势,积极吸收现代"知识管理"思想,同时加大对馆内智力资源开发的力度,迎接知识管理的挑战。这样,才有能力完成自己的使命。

2. 国家创新体系的要求

发展知识经济关键在于创新。当今世界上的竞争,核心是知识创新和高技术的产业化。一个国家经济的健康、有序、持续地发展,离不开知识和技术创新,而要在知识经济时代有所作为,知识创新是基础和前提。国家创新体系就是在这一认识基础上构建起来的。

在国家创新体系中,包含有四个子系统,它们分别是知识创新系统、技术创新系统、知识传播系统和知识应用系统。在这四个子系统中,知识创新是最重要的一环,也是知识管理追求的目标所在。众所周知,一定的社会知识化水平是知识创新的基础,也是知识得以发展和创新的条件。少数人在少数领域或较小规模上的知识创新,不是知识创新产生的全部。在知识经济条件下,知识产业的蓬勃发展已为知识创新提供了滋生的土壤。而知识管理则是撒向这片土壤的肥料,它将为知识创新的实现起到催生的作用。图书馆作为知识信息的重要收集、加工与传播、利用机构,在提高各个国家和民族的文化素质、科技素质和道德素质,推动社会进步的伟大进程中,发挥着不可替代的作用。因而,它理应成为知识创新体系中的一员,并为国家创新体系提供重要的支撑力量。

要做到这一点,需要将知识管理理念引入图书馆管理中。在知识管理以知识创新为目标的理性感召下,使图书馆通过新知识的获取、组织、传递和开发利用,有效地重组知识资源,利用信息高速公路建立与市场经济接轨的多元化服务模式,进而推动人类社会科技、经济乃至意识形态不断向前发展,缩短知识创新周期,从而实现图书馆在国家创新体系中的价值。

3. 实施知识管理是知识经济时代图书馆自身实现可持续发展的需要

可持续发展是当今社会广泛认同的一种全新发展的模式,其宗旨是保证人类社会具有长远的持续发展能力。持续发展观是一种全面发展观,主张以持续最佳发展取代单纯追求眼前利益的短视发展,提出"发展—经济发展+社会发展+人的发展+自然发展"观点,谋求社会的全面进步,强调社会发展的整体性和综合性。图书馆作为一个组织系统,要保持自身与社会的同步,达到与社会的协调、和谐与共进,真正实现可持续发展,离不开社会大系统。图书馆作为社会大系统中的一个子系统,其发展一直是伴随着社会文明的进步而进步的。从农业文明时期对文献的管理,到工业文明后期至信息时代对信息的管理,到知识经济时代提升到对知识的管理,其实就是图书馆根据环境的变化调整系统结构和完善功能的过程。图书馆的发展需要在这种自我适应和调整中不断得到完善。

4. 图书馆拓展和深化服务功能需要实施知识管理

社会需求是图书馆发展的动力。图书馆在几千年的时代变迁中能够生存和发展,靠的是它对知识的保存和传递。图书馆累积了丰富的信息资源,但在知识创新方面的发展有限。知识经济的兴起要求图书馆由对信息资源从收集、处理、传播、开发利用为主,转向对知识资源的获取、组织、创新和开发利用为主,即实现管理模式由信息管理向知识管理转变。知识管理注重知识的共享与创新。图书馆实施知识管理目的,就是对知识进行收集、加工、整合、传递,在此基础上创造性地运用知识。在知识管理思想指导下,图书馆应将核心竞争力定位于知识服务。知识服务是图书馆联结用户和市场的纽带,它以用户需求为调节手段,以人为本,以知识为本,以能为本,以服务为核心。知识管理也为图书馆高质量的知识服务目标的实现提供了有力保障,知识管理的手段和技术,有助于实现图书馆服务工作的创新。图书馆面对用户的知识需求,应借鉴企业知识管理理念,从服务观念、服务手段、服务形式等各方面全方位地拓展和深化其服务功能,以显著的知识服务功能优势,参与激烈的市场竞争,求得生存与发展。

5.图书馆提升管理功能依赖于知识管理

图书馆参与知识服务市场竞争的优势,除了拥有丰富的知识资源内容外,在于拥有大量的具有丰富的知识处理技能和有经验的图书馆馆员。图书馆在强调基于服务的知识管理时,也应重视对知识型人才的管理。对图书馆馆员隐性知识的管理是科学有效地开展基于服务的知识管理工作的前提条件。企业的知识管理在运用过程中,正是体现了人性化、信息化、柔性化、创新性及适应性强的管理特征,它强调对隐性知识的管理,将人的能力的提高作为组织实施管理的出发点,将知识创新的实现作为实施管理的目标,并为组织知识的共享创造环境,为显性知识与隐性知识的相互转化提供途径。所以,图书馆的知识管理既包含物的知识管理,也包含人的知识管理。由于图书馆知识管理将物和人的管理统一于同一组织机构的同一管理过程中,这就具有传统管理所无法比拟的优越性:它既能拓展、深化图书馆的服务功能,为整个社会的知识创新服务;又能为图书馆的内部管理提升空间,很好地实现自身组织的创新。所以,实施知识管理是知识经济环境下图书馆内部管理必然的选择,是图书馆提高自身综合服务能力以及创新能力的捷径和突破口。

6.知识管理是科学技术发展的必然产物

科学技术的飞速发展为图书馆实施知识管理进行知识资源的开放、利用提供了技术保障。面对近年知识呈爆炸性增长趋势,图书馆只有借助信息技术对海量信息进行处理、加工,才能满足社会广大用户对知识的需求;同时,开展各种形式的网络服务,拓宽服务的广度和深度,提高工作效率和质量,借助科学技术,有效实施知识管理,使图书馆被社会所承认,实现图书馆的社会价值。

(三)图书馆知识管理的可行性

图书馆实施知识管理极有必要而且可行。主要基于以下几点:①知识管理属于图书情报学的研究范畴,图书馆实施知识管理有理论上的前瞻性和优势;②信息技术的发展使图书馆失去了作为传统的文献信息中心的垄断优势,必须改革自身的组织管理运作,才能适应当前形势的需要;③图书馆是信息管理机构,信息管理本身就是知识管理的一个体系,随着信息技术的发展,信息管理已逐步转向了知识管理;④图书馆用户对服务的个性化需求,使图书馆早已着手知识的组织研究,如元数据、知识结构、知识发展、知识挖掘、知识仓库及知识库管理系统等,而这些研究均属知识组织范畴,其实际应用标志着图书馆中已有知识管理行为。

1.人类观念的转变为图书馆知识管理提供了思想基础

充分认识知识信息的重要功能和作用,并且全社会都在有效地开发和利用各种信息资源。人们从更广泛、更快捷、更全面的途径中吸收和获取这些信息,主动接收和应用知识信息的意识也在不断加强,形成了一种普遍的高度信息敏感性。人们对知识信息的渴求从来没有像今天这样强烈,人们的学习、生活和工作都离不开知识息。

需求的产生,一方面表现为生活环境日趋复杂化,需要人们更加充分地认识和利用相关因素,使自身的行为更加符合社会发展规律;另一方面表现为,为了处理和分析日趋复杂的工作对象,人们如饥似渴地追求知识信息、获取知识信息。正是这种执着的知识信息需求,使得知识管理理念深入人心,并为图书馆实施知识管理提供了思想和观念上的准备。

2.图书馆工作的知识性使知识管理引入图书馆成为可能

图书馆与知识管理有着不可解的亲缘关系,这是因为图书馆工作的本质属性原本就是知识性。图书馆从产生的那一天开始,就与人类的知识活动有着内在的、本质的联系。图书馆的主要职能是把知识与社会需求联系起来,起到知识交流的中介作用,成为社会知识生产和社会知识利用的桥梁。图书馆工作是作为社会知识交流系统中的一个环节,将知识传播给知识使用者,通过他们的应用才能将知识转化为生产力。人类的知识活动包含三个环节:知识创造、知识交流和知识利用。其中,知识交流是联系知识创造和知识利用的纽带,知识交流的目的在于知识共享。任何知识最初只是"私人知识",不通过传播输送到社会上就不能转化为"共享知识"。只有通过传播,使其在社会上流传和应用,才能实现它的价值。知识管理的运作流程环节为:知识的创造与整合、知识的加工与编码、知识的转移与扩散、知识的共享与交流。而图书馆的工作环节包括信息、知识的收集、整理、传播、共享、利用,工作环节颇为相似。图书馆作为知识密集型组织,是知识的集散地,是知识传播交流中心。长久以来实现知识共享和创新成为图书馆工作努力的目标,而知识管理正是在注重知识共享的基础上,强调知识的利用和知识的创新。这一点与涵书馆追求的目标不谋而合。对于图书馆来说,一方面它要将已有的编码化知识传递给其使用者,以达到知识共享的目的;另一方面,它要充分发挥其员工的集体智慧,不断开发知识附加值高的信息产品,满足社会需求,这就为图书馆实施知识管理提供了可能性。

3.图书馆丰富的知识资本为图书馆知识管理提供了保障

①市场资本。包括图书馆的品牌、声望、客户和服务网络。品牌和声望是图书馆赢得政府和用户支持的重要途径,图书馆拥有特有的用户群,为图书馆的发展提供了基础的保障。

②专有知识包括馆藏信息资源(实体的馆藏文献信息和数字化的文

献信息）、图书馆的规章制度、倒书馆的管理、图书馆编制的索引、文摘等；与此同时,图书馆在其不断的发展中已经形成了良好的图书馆文化。

③结构资本。如图书馆的网络化建设、工作流程等,随着信息技术和网络技术的发展,图书馆自动化、数字化程度不断提高,服务领域不断扩展,工作流程智能化程度越来越高。

④人力资本。指图书馆员的丰富经验、技巧等,是图书馆最重要的资本。

图书馆的知识资本是图书馆获取社会效益和经济效益的主要来源,也为图书馆实施知识管理提供了保障。

4.信息技术的使用是图书馆实现知识管理的前提

网络化是20世纪末影响人类历史进程的最为重要的事件之一。由于它对当代人类生活的影响如此强大、深刻和全面,人们已将它视为连接两个世纪的主要纽带以及预测新世纪人类生活的主要依据。在知识全球化时代,知识不再围于一个馆藏。在知识的存储和传播上,可以利用大型数据库技术、新型检索技术、智能代理、搜索引擎以及网络技术,保证知识的充分共享；同时,可利用分析工具与反馈系统,实现知识寻求者和知识提供者、知识寻求者和知识源之间的交流,使信息资源得到及时匹配和传送。

5.企业知识管理的成功实施为图书馆知识管理提供了实践基础

知识管理作为一种管理创新的方法和手段,在企业界产生并最广泛地得以实施,并且取得了很大成效。而企业实施知识管理主要着眼于它的管理功能。所以,在实施知识管理的过程中注意运用各种方法,如:设立知识主管、构建知识仓库、建立学习型组织、建立知识创新的激励机制、建立企业内部网络,促进知识交流、建立动态联盟,培养核心创新能力等,并在新的管理方法的运用基础上形成了一种组织管理模式,能够很大程度地提高组织的创新能力、响应能力和生产效率,增强组织的管理功效。

无论是企业还是图书馆,作为组织,有着极其相似性,在知识管理的很多方面都是相通的,不同的只是业务流程上存在差异。所以,图书馆知识管理在管理模式上,可以借鉴企业知识管理的成功经验。

(四)图书馆实施知识管理的意义

1.有助于从根本上改变图书馆传统的管理模式和服务方式

图书馆知识管理的实施将打破目前层级式的森严的等级结构,建立高效优化的管理体制,使每位馆员都能很容易地获得自己权限范围内的完全信息,充分发挥馆员的积极性和创造性,变被动服务为主动服务,服务状态转为开放式服务和以用户为中心,从而把服务工作提到一个新的高度。

2.有助于提高馆员素质,树立图书馆良好的社会形象

知识管理要求全体馆员具有较高的思想素质和业务素质,实施知识管理,会使图书馆重视馆员的职业培训与终身教育,以此不断提高馆员的科技知识水平、获取知识和创新知识的能力,并能促使馆员自觉地学习,以适应复杂多变的网络环境。图书馆馆员整体素质的提高、服务质量的优化,会使图书馆的整体工作协调一致,在社会公众中树立良好的形象。

3.有助于图书馆推进知识创新

知识管理的目标在于知识创新。图书馆是知识创新的重要环节,其工作也是知识创新的组成部分。知识管理就是要促进图书馆内部、图书馆与图书馆之间、图书馆与用户之间的联系,加强知识联网,加快知识流动。

4.有助于图书馆开发网络资源,提高竞争能力

知识管理是在充分利用先进的信息技术基础上的管理。图书馆实施知识管理,不仅有利于加强图书馆原有馆藏资源的建设管理,促进馆藏开发利用,更有利于图书馆进行网络资源的开发管理,从而不断提高服务水平,增强网络环境下与其他信息服务提供商的竞争能力。

三、现代图书馆知识管理的内容

(一)知识活动管理

知识活动是指知识的采集、整理、审核、共享、交流、利用、创造等过程。知识作为图书馆的重要资产,它的一个重要特征就在于它一直处于动态变化中,在动态变化中实现自身的更新和增值。知识的动态变化是通过一系列知识活动实现的。知识活动管理侧重于对知识的动态变化过程的管理。在时间维度上,知识会经历一个从诞生到消亡的过程,表现为知识的生命周期。一般来说,知识的生命周期会经历以下几个步骤。①收集:收集有可能形成知识的数据、信息等素材;②整理:对素材进行整理加工,从而形成知识;③审核:对初步的知识进行审核,形成正式的、可发布的知识;④发布:通过各种渠道把知识发布出去;⑤利用:知识被用户和馆员访问并加以利用;⑥更新:知识在使用过程中不断得以改进和更新;⑦淘汰:过时的知识被逐渐淘汰。

管理知识活动就是要注意检查和监控知识生命周期中的各个步骤环节,了解各个环节的执行情况,查找其中存在的问题,并加以解决,从而使各项知识活动都能够流畅进行。

(二)图书馆内部知识的交流与共享

只有经过交流,知识才能得到发展;也只有通过共享,才可能产生新的知识。对一个组织来说,创新是竞争优势之源,而创新本身归根到底是一种新知识的创造,也是组织知识资源的一种积累。因此,在图书馆内部各个部门以及各个员工之间,在内部与外部之间,都必须加强知识的交流与共享,否则就不可能实现创新。这方面有大量工作要做,比如建立图书馆内部信息网以便于员工进行知识交流,利用各种知识数据库、专利数据库存故和积累信息,从而在馆内营造有利于员工生成、交流和验证知识的宽松环境,并制定激励政策鼓励员工进行知识交流,通过放开对员工在知识应用方面的控制,鼓励员工在馆内进行个人创业促进知识的生成。

(三)驱动以创新为目的的知识生产

随着技术的不断发展,图书馆面对的市场竞争也日趋激烈。在知识经济时代的市场竞争中,知识是竞争力之源。图书馆要想立于不败之地,就必须拥有比别人领先一步的知识产品、技术或管理优势,而这些优势必然是来源于以创新为目的的知识生产。无论是什么知识,只要是先人一步掌握,就能给创新带来极大的便利与可能,甚至带来巨大的利润。因此,创造适宜的环境与条件,充分开发和有效利用图书馆的知识资源,进行以创新为目的的知识生产是知识管理的一项重要内容。

(四)支持从外部获取知识,并提高消化吸收知识的能力

图书馆的知识资源是创新的源泉。因此,图书馆要使创新不断进行,就必须积累和扩大自己的知识资源。这种知识积累又不能仅仅依靠图书馆自身知识的生产,因为这是很有限的,所以必须注重从外部获取相应的知识,并进行消化吸收,成为图书馆自己的资源。供应商、用户和竞争对手等利益相关的动向报告、专家及用户的意见、员工情报报告系统的信息、行业领先者的最佳实践调查等,都可以成为外部知识的来源。

(五)将知识资源融入图书馆知识产品或服务以及生产过程和管理过程

知识管理的直接目的是创新,使图书馆赢得持久竞争力。创新是使图书馆的知识资源转化为新产品、新服务、新的组织管理方式等,因此,创新离不开知识资源与知识产品或服务及其生产过程和管理过程的融合。所以,知识管理的一个重要内容,就是要明确图书馆在一段时间内所需的知识以及开发的方式和途径,贯彻相应的开发和利用战略,保证图书馆的知识生产和知识资源的积累与扩大以及产品、服务、生产过程和管理过程紧密结合。

(六)图书馆知识资本的管理

知识资本主要包括四个方面:市场资产(来自用户关系的知识资产)、

知识产权资产(纳入法律保护的知识资产)、人力资产(知识资产的主要载体)、基础结构资产(组织的潜在价值)。图书馆的知识资本包括知识产品、知识服务、知识型员工、组织文化和馆藏资源。

(七)图书馆文化

图书馆文化的形成主要包括:①调查知识在员工中的分布情况,形成"知识地图";②评估馆内知识,发现知识差距,通过招聘新员工和培训加以解决;③设计员工工作岗位,使知识活动与具体业务有机结合;④建立实践社区,为员工提供良好的交流与学习环境;⑤衡量员工的知识贡献,激励员工贡献知识。

(八)人力资源管理

人力资源管理是知识管理的重要内容。显性知识、管理主要依靠强大的信息技术手段。目前的信息技术所取得的进展,也确实为显性知识的管理提供了强大的工具,比如知识门户、文档管理、搜索引擎等。知识活动的管理既需要管理制度,也需要信息技术提供支援。现代知识管理系统和工具提供了大量诸如统计分析的功能,帮助进行知识活动的管理。对于员工的管理则主要依赖于人力资源管理手段。

第二节 图书馆知识管理基本原则与方法

一、图书馆知识管理基本原则

原则是观察问题、处理问题的准绳,对问题的看法和处理往往会受到立场、观点、方法的影响。原则是从自然界和人类历史中抽象出来的,只有正确反映事物的客观规律的原则,才是正确的。图书馆知识管理将突破图书馆传统管理的一些条条框框,突出如下原则。

(一)开放性原则

要建立一个开放的图书馆知识管理平台,让所有成员能把自己的新知识添加到知识管理平台中去,词时也吸收和利用外部知识,丰富图书馆的知识库。

(二)共享性原则

知识管理的一个重要任务,就是要建立知识的共享网络,即数据库和知识库,从而在技术上给知识的共享提供一个支撑平台。当图书馆成员间的知识得到共享时,图书馆的知识存量将成倍地增长,而转让知识并不损失成员任何东西。而且由于知识的共享是一个过程,需要转让者和接受者共同参与,成员在转让知识的过程中能使自己的知识得以深化,或者获得一些新的知识。当员工能及时分享和运用知识,继而就能创造新的知识,最终使组织取得绩效,获得竞争优势。建立在知识共享的原则上,图书馆需要为知识共享搭建基础平台,如建立图书馆知识管理系统,创建学习型组织,使图书馆成为学习资源中心,创建知识共享的组织文化,营造知识共享的环境与氛围,建立知识共享的激励机制,促进员工参与知识共享等。

(三)层次性原则

图书馆知识管理可分为三个层次:一是信息管理,即对信息的收集、整理、储存、查找和利用的过程;二是对知识的管理,即包括对读者的知识加以识别、获取、分解、储存、传递、共享、创造、价值评判和保护,并使这些知识资本化和产品化的过程;三是对图书馆知识资本的管理,也就是对图书馆人力资本、市场资本、结构资本和知识产权资本的管理。

(四)发掘性原则

图书馆应该认识到知识在图书馆产品及其服务的价值创造中所具有的关键作用,图书馆需要明确知识的价值,并将其挖掘出来。网络环境下的图书馆知识管理工作的着眼点应当是充分发挥优势潜力,向读者提供各种形式的信息资源服务。以依靠图书馆丰富的馆藏与网络资源为基础,以图书馆专业人员的知识信息服务能力为依托,提供满足读者特定需求的某一具体信息和内容的服务。

(五)增值性原则

由于知识具有收益递增的特性,图书馆员工通过知识共享,可以分享个人的知识和经验,减少团队的学习时间,实现知识价值的增值与功能放大。知识管理中学习是核心。个人与组织是一个双学习系统,个体通过学习不断获取新思想,并将知识用于行为的改善。组织和团体通过学习形成人才梯队,激发群体智慧,人员交流渠道畅通。个体、团体和组织相互间与个体间、面体间和组织间开展多向的交互学习模式,它们相互促进,工作与学习良好互动,最终创造学习型组织保证对知识资本的管理。

(六)参与性原则

知识管理强调的是"人人被管理,人人皆管理"的管理思想,即强调组织成员都要参与组织管理中。要培养馆员参与图书馆知识管理的积极性,鼓励馆员参与知识管理的各个环节,并善于发现他人的思维价值,要使馆员意识到自己所从事的工作是图书馆整个知识管理过程中不可缺少的一环,以此激发馆员参与的积极性。个体参与原则,既体现了管理者对馆员的尊重,又可以锻炼馆员的思维能力,并在组织中建立集体智慧的动力机制,使管理人员能够更好地决策,并使更多的馆员主动配合决策的执行;同时,联系读者、服务读者,是图书馆存在的基础,得到反馈、发现需求,又使图书馆不断调整发展的方向。图书馆可实施以下举措加强与读者的交流,读者调查。一是图书馆一般在作出重大决策或推出服务新举措之前,多数会做相应的读者调查,根据民意来判断改革是否可行。二是在进行调查的各种活动中,互动构成了读者对图书馆整体印象的一部分。加强图书馆与读者间的互动,让读者参与,不仅能扩大图书馆的社会影响,增强图书馆在读者中的亲和力和忠诚度,将有助于服务推广活动的顺利进行。

(七)协作性原则

基于知识共享性,图书馆团队间的协作活动变得非常重要。只有团队活动,才能真正将知识资本挖掘出来并加以形式化和资本化。因为只有在知识得到共享之后,知识才与知识的拥有者——图书馆员的个人知识相对独立。只有在此时,才能说明图书馆对知识有了更大的所有权。此时,当某个图书馆员离开图书馆时,他们的知识才会留存在图书馆中。

(八)创造性原则

创新是知识管理的灵魂,图书馆知识管理要突出创新原则。图书馆应本着创新性原则来实施知识管理策略。也就是说,要用知识创新的观点来构建图书馆知识管理理论,并加强其组织建设、制度建设与文化建设。图书馆通过知识管理,实现组织与文化的创新,建立学习型图书馆,充分发挥用户的主观能动性,激活人的潜在能力,促进知识的不断再生与创新,实现主动学习的信息获取机制。

二、图书馆知识管理基本方法

图书馆知识管理方法是指管理者行使管理职能和实现图书馆管理目标的手段、措施与途径等的总称。知识管理作为一种新的管理理论,其管理方法和管理手段仍在摸索中。目前,比较适宜的知识管理方法,主要有目标管理方法、科学管理方法和全面质量管理方法几种。

(一)目标管理方法

图书馆目标管理是在重视成果的思想指导下,图书馆主管人员与下属人员共同选定一定时期的共同目标,即制定方针,层层分析目标,落实措施,安排进度,具体实施,取得成果,严格考核与评价图书馆内部自我控制、自主管理达到管理目标的一种科学管理方法。图书馆目标管理具有如下主要特点:①整体性。图书馆目标管理,是通过相互衔接、相互制约的目标体系而开展的一种有组织的群体活动,它主要是一种纵向连锁、上下控制的关系,存在横向关联,通过纵横的相互制约、相互联系,构成一套整体的目标体系。②有序性。图书馆目标管理往往是从确立总体目标开始,然后对总体目标进行层层分解,分解为高层目标、中层目标、基层目标、个人目标等,使之成为一个有序的、层次分明的目标体系。③成果性。图书馆目标管理采用一种注重成果、讲究实绩的哲学管理观念,通过目标的实现程度,评定组织和个人的工作成绩。它是一种成果型的管理。④参与性。图书馆目标管理运用参与、授权理论和自我控制理论,发动图书馆全体人员参与制定、实施、评价目标的全过程。在实施过程中,强调自我管理、自我控制,因此它实际上是一种参与型的管理。⑤激励性。图书馆目标管理以激励理论为基础,引进竞争机制,激发人们的工作热情与兴趣,不断创新,使人们自觉地为实现目标作出贡献,是一种激励型管理。

图书馆实施目标管理,必须遵循一些基本原则。这包括:①激励原则。即通过建立激励机制,促进部门与员工更好地完成目标所规定的各项任务。②竞争与协作相统一的原则。即一方面要激发部门与员工的竞争意识与行为,另一方面强调发挥图书馆的整体效用与相互协作。③统一指挥与参与管理相结合的原则。即要求图书馆目标管理在实施过程中有统一领导,建立起严格的责任制;也要求员工积极参与图书馆的各项工作,以实现各项管理目标。④权力与责任对等的原则。即要求员工在行使岗位职权时,必须履行相应的岗位职责。

图书馆目标管理过程一般包括目标制定、目标实施、目标评价三个阶段。它至今仍是图书馆常用的管理方法。

图书馆知识管理,对图书馆目标管理的创新如下:

知识管理方法强调以人为本,尊重员工的作用和重视员工本身的发展,强调运用人本管理思想加强员工的管理,以柔性管理方式取代目标管理中的硬性管理,使员工的工作热情与创新精神能够得到最大限度的释放。知识管理通过建立灵活的扁平化组织——知识型团队弱化等级,注重平等参与,克服目标管理中存在的上下信息沟通不畅也有利于在图书馆内营造一种平等竞争的气氛,充分发挥人的积极性和创造性。知识管理还通过营造一种知识共享文化,形成一个能够让知识自由流动的环境,这样就可协调图书馆各部门的工作任务和员工之间的关系,使图书馆成为一种学习型组织,从而促进知识共享和知识创新。可以说,知识管理发展了目标管理。

(二)科学管理方法

科学管理的几条基本原则:①用科学(系统化的知识)代替单凭经验的方法;②在集体活动中取得一致,以代替不一致;③实现人们的彼此合作,以代替混乱的个人主义;④为最大的产出量而劳动,而不是限制产出量;⑤尽最大的可能培养工人,从而使他们和他们的公司都取得最大的成就。

图书馆的科学管理是指图书馆工作和图书馆事业达到计划性、合理化、规格化的要求,并具有先进水平的一种组织活动。它包括三方面内容:①图书馆科学管理的范围,包括图书馆工作组织和图书馆事业组织;②图书馆科学管理工作,可划分为行政管理、业务管理、设备管理、干部管理等;③图书馆管理工作的内容,包括计划、组织管理、规章制度、统计、标准化以及分工协调等。图书馆科学管理,应遵循集中统一原则、民主管理原则、计划管理原则、经济效果原则和责任制原则。

知识管理对图书馆科学管理的创新如下:

知识管理继承了科学管理。主要表现在:①强调以人为本。管理人员的责任,一方面是细致研究每一个工人的性格、脾气和工作表现,找出他们的能力;另一更重要的方面,是发现每一个工人发展的潜能,并且逐步地系统地训练、帮助和指导每一个工人,为他们提供上进的机会。②强调和谐合作。劳资双方、雇主与雇员之间亲密友好的关系是科学管理的前提,与知识管理提倡的知识共享是不谋而合的。③强调对人的激励。为了调动工人的积极性,既要考虑工人物质方面的需要,实行刺激性的工资制度,也要考虑工人心理方面的需要,真心实意地关心下属的福利待遇:这与知识管理的激励机制有相同之处。

知识管理发展了科学管理。①创新精神的发展。科学管理的实质,就是在一切企业或机构中的工人们的一次完全的思想革命——这些工人对待他们的工作责任,对待他们的同事,对待他们雇主的一次完全的思想革命。这个伟大思想革命,就是科学管理的实质。知识管理把创新作为自己的灵魂与主旋律,从内容与功能上更加强调了创新的作用。②组织结构的创新。知识管理从便于组织知识交流与共享入手,通过引进组织学习、建立学习型组织,实现组织结构的创新。③"知识观"的发展。在一切企业中,劳资双方必须实现这样的思想态度的改变:双方合作尽到生产最大盈利的责任;必须用科学知识来代替个人的见解或个人的经验知识。知识管理不仅把知识作为组织战略资产进行管理,而且以知识为核心设计组织结构、建设组织文化、构建组织核心能力,从而发展了科学管理的"知识观"。④"学习观"的发展。在科学管理中,管理人员要主动承担的第二项责任,就是科学地选择和不断地培训工人,发现每一个工人向前发展的可能性,并且逐步地系统地训练、帮助和指导每一个工人,为他们提供上进的机会。知识管理把学习作为创新的源泉动力,积极推广与实施组织学习。这种组织学习是组织全体成员在组织运行过程中通过实践、互动和创新来进行的团体学习,它超越了组织内部个人学习的简单相加。在这里,组织成员通过共同的观察、评价并采取一致的行动,来迎接组织面临的挑战。因此,知识管理发展了科学管理中的"学习观"。

(三)全面质量管理方法

所谓全面质量管理是一个组织以质量为中心,以全员参与为基础,目的在于通过让顾客满意和本组织所有成员及社会受益而达到长期成功的管理途径。

图书馆全面质量管理是图书馆为保证和提高信息服务质量,动员图书馆的各个部门和全体员工,综合运用管理技术、专业技术、思想教育、经济手段和科学方法,建立健全服务质量保证体系,对服务的全过程实行有效控制,从而经济地开发、设计、生产和提供用户满意的信息产品与信息服务,做到最高质量、最低消耗、最优生产和最佳服务,最终实现不断提高服务质量的目标。图书馆全面质量管理具有如下特点:①它是一种全面的、全过程的和全员参加的"三全"质量管理;②它以是否适合图书馆用户需要、用户是否满意,作为质量的衡量标准与最终目标;③它是一种突出质量改进的系统的、动态的、持续管理。图书馆实施全面质量管理,有助于打破部门间的障碍,加强为内部顾客服务的意识,实现持续改进。

图书馆知识管理对图书馆全面质量管理的创新如下:

全面质量管理本质上是一种密集型信息管理。图书馆知识管理,在管理对象、管理方式和管理技术上都有所拓展。在管理对象上,图书馆全面质量管理往往注重的是编码化的信息、流程和显现知识,而图书馆知识管理不仅关注上述对象,更重视对员工的管理,特别是员工隐性知识的管理,努力把员工脑子里的观念、点子转化成可以共享的知识,以提升图书馆的核心能力。在管理方式上,图书馆知识管理可以将信息管理和协同合作紧密结合起来,将个人知识(隐性知识)转化为集体知识(显性知识),并把新的显性知识传递给员工,使这种显性知识再被其他员工吸收,成为指导他人行为的新的隐性知识。在管理技术上,图书馆知识管理深化了对包括计算机技术、通讯技术等先进信息技术的运用,充分利用数据仓库、数据挖掘、人工智能技术,获取信息中隐含的知识;广泛利用大型数据库技术、新型检索技术、搜索引擎、智能代理、网络技术、群件技术,来保证知识的存贮、传播和共享。

知识管理方法与全面质量管理方法也有许多相似之处。如全面质量管理强调图书馆员工的"全员参与",这与图书馆知识管理倡导的知识共享有相同之处。全面质量管理对员工的培训很重视,认为只有提高员工的技能,才能生产高质量的产品,这形同于知识管理重视学习一样。知识管理把学习看作是创新的动力与源泉。只有不断加强个人学习与组织学习,图书馆才能提供卓越的知识服务。全面质量管理要求实现"持续改进",在发现问题、解决问题的过程中不断提高产品和服务质量,这也形同于知识管理中的"知识螺旋",在不同类型与不同层次的知识转换与共享中实现知识创新,都是一种持续不断的过程。总之,知识管理方法发展了全面质量管理方法。

第三节　图书馆知识服务流程策略及实践

一、图书馆知识服务

(一)图书馆知识服务系统的构成要素

在图书馆知识服务系统中,有关知识服务流程的基本组成要素有六个,分别是:知识服务用户,知识服务提供者,知识服务平台,馆员内部业务平台,信息资源库和特色知识库。

1.知识服务用户

知识服务用户是知识服务中的客体,是知识服务需求的提出者,也是知识服务流程的驱动者。例如在高校图书馆中,知识服务用户就是指广大高校教师和学生以及部分科研人员。其中,学生用户群顾名思义以"学"为主,受所学专业、兴趣爱好和年级阶段的不同有比较明显的知识需求,而部分研究生也对一些前沿科研知识有一定的需求。教师用户群一般是围绕特定的专业项目开展教学和科研活动。他们既有学科专业的教学信息需求,又有学科专业的科研知识需求。在知识服务流程中,高校师生不仅是知识服务的需求者和消费者,还是图书馆知识服务的促进者和激励者。高校聚集着大量各学科领域的专家和学者,他们是知识服务流程中进行知识创新的主力军,是对未来知识产品的提供者。高校师生的知识需求状况、利用水平、满意程度和各种反馈意见、评价等对图书馆知识服务的发展起到了至关重要的作用。以知识服务用户为中心,树立以人为本的思想,对图书馆知识服务流程优化开辟新的实现途径。

2.知识服务提供者

在图书馆中,知识服务提供者主要是高素质的图书馆员。图书馆员是图书馆知识服务体系中的重要成员,是知识服务的主体,参与知识服务流程中的各个环节。他们在某种程度上既是知识的消费者,又是知识服务的提供者,在消化、理解问题的基础上,通过对相关学科专业知识(显性知识)的搜集和利用,产生并形成含有自己的经验及思维成果的新的知识产品或成果提供给知识服务用户。

馆员是图书馆事业的灵魂。他们是图书馆信息活动中最活跃和主动的因素,是图书馆的核心,所以图书馆员应具备一定的素质。首先,要具备良好的职业道德。一个好的图书馆员就是图书馆的形象大使,必须爱岗敬业,不断学习,勇于创新。其次,要有丰富的文献学、情报学知识,和对知识的敏锐洞察能力以及知识组织和知识加工的能力。知识时代的到来,让人们感受到了信息大爆炸,在众多信息中捕捉到对用户有用的知识,对图书馆员来说是一个挑战。再次,有一项专长。全能人才是对馆员的考验。实际上,全才是不存在的。图书馆应鼓励馆员提高自己的一项专长知识,有利于实现图书馆员的自我价值,又能发挥他们的积极性和主观能动性。最后,要具备良好的沟通协作和网络技术应用能力。

知识服务提供者以开发学科专业知识信息资源为目的,深入学科专业领域,为该学科建设发展提供学术层面上的服务,解答科研中提出的各种问题,对重点学科建设发展方向、目标、最新成果、未来发展动态做到心中有数,将繁杂无序的信息进行筛选、分析、重组后,提供给重点学科的知识服务用户。在这一过程中,馆员要运用自己的隐性知识与书本上的显性知识相结合为用户提供有效的知识服务。

3.知识服务平台

知识服务平台是联系知识服务用户与知识服务提供者的重要媒介,是以知识服务用户的需求为驱动的服务平台,也是知识服务系统的外在表现形式,图书馆通过这个平台向高校师生提供知识服务。该服务平台代表一种外围环境,在此环境下,知识服务用户可以得到专业化的知识服务。

知识服务平台是图书馆对知识服务用户开设的,有些虚拟知识库没有完全开放,需要通过开通会员或者注册信息才能得到。该平台是知识服务系统构建的基础。它不仅提供重点学科导航、学科知识门户、虚拟参考咨询、智能搜索引擎、个性化定制服务、定题知识服务等资源、工具与服务,还能够支持馆员的学科知识需求分析、学科知识化信息选择与集成、个性化服务设计与管理等工作以及时跟踪用户需求、并将与需求对应的个性化服务嵌入到用户信息环境中,全面落实学科化、知识化、个性化、智能化的服务目标。

4.馆员内部业务平台

馆员内部业务平台顾名思义是指图书馆员处理知识服务用户需求时,使用的内部集成相关工具与服务,属于提供知识服务的内部环境,为馆员业务的开展提供了基本的支撑。主要包括咨询馆员对于知识服务用户提出的专业学科需求得不到解决时与学科馆员的联络服务、特色知识资源的建设服务、网络虚拟资源与用户定制服务、知识组织与知识创新服务,知识服务用户与提供者的信息素养的培训服务、知识服务系统管理等服务和工具。

基于网络环境的学科需求联络服务,采用计算机支持的协作交流技术,建立馆员与科研用户之间的虚拟交流渠道,以便实现双向信息流动,特别是实现基于用户端系统的需求信息采集目标,并及时将图书馆的资源与服务发布、揭示、通知给相关读者用户;特色资源建设主要针对特定读者用户的需求特点采用搜索引擎、集成检索、RSS聚合等多种技术,对公共平台以及其他多种资源进行采集、加工、组织,建立特色资源数据库,提高知识服务用户的知识产品利用效率;虚拟资源与用户定制服务是指在知识服务用户需求的驱动下,对信息资源库、特色知识库以及特色馆藏资源进行集成、选择、过滤、评价,从而创建具有服务对象个性特征的服务;知识组织工具包括文献计量工具、信息抽取工具、可视化工具、知识信息组织工具等,为馆员深层次的知识挖掘与知识信息研究工作提供支撑。

5.信息资源库

信息资源库是为用户提供各种信息,对这些信息资源进行统一管理和发布的平台。信息资源库分为实体馆藏和虚拟馆藏两大部分,具体包括图书馆实体馆藏资源、数据库、各种信息检索系统以及网络资源等。信息资源库包含的主要是以文献、事实、数据等人类显性知识为表现的海量信息。信息资源库中的显性知识是为高校师生用户提供知识服务的素材和基础。随着对知识的挖掘、发现、组织、传播等各方面研究的不断深入，传统的信息资源库将向着包容隐性知识在内的知识库的方向发展。

6. 特色知识库

特色知识库是图书馆知识服务系统中的重要组成部分，也是知识服务有别于信息服务的重要特征。建设特色知识服务数据库可以完善图书馆的文献资源保障体系，加快图书馆信息化与自动化建设是开展好知识服务的重要物质基础。特色知识库的建立是在信息资源库的基础之上，又不同于知识服务平台。它能有针对性的从中抽取知识点，按照一定的知识体系进行整序和分析，并且组织起来形成的数据库。它是经过分类、序化和重组后的知识集合。特色知识库中的知识既包括馆员在解决知识服务用户提出的问题的过程中搜寻到的显性知识，也包括馆员运用自身的隐性知识以及利用从信息资源库中获取的显性知识所形成的，能够解决用户特定问题的新的知识产品或知识成果。这些知识被捕获、录入到特色知识库，并经过加工、整理、评价、排序等程序构成特色知识库的主体，以便在合适的时机提供给新的用户或者进行进一步加工形成新的、更高层次的知识产品。

特色知识库的出现，可以大力进行知识创新，包括高质量的文摘数据库、有特色的全文数据库以及面向教学研究需要的各种专题数据库，这样有利于高校知识服务用户得到多元化、个性化、一体化的知识服务产品。特色知识库对图书馆有效开展知识服务流程是一种极有价值的实践工具。以高校图书馆为例，其可根据高校的学科专业优势建立学科知识库，纳入特色知识库中。学科知识库与其他知识库的不同之处就在于其内容是严格按照学科专业进行组织和提供的，学科知识库采用实体馆藏资源和虚拟馆藏资源共存的方式来满足读者用户的个性化、专业化、学科化需求。

另外，高校图书馆可利用本馆的特色馆藏或重点学科资源建设特色馆藏知识库。还可将用于学科知识服务用户信息技能、信息素养等方面的培训知识置于知识库中,以便提高知识服务用户整体水平,使其更好地理解和利用知识服务,从而更快地提高知识服务的质量和水平。

(二)图书馆知识服务流程

图书馆知识服务是建立在知识增值的基础上,图书馆馆员运用自身独特的知识和能力,通过对知识的进一步深层次加工,形成具有价值的知识产品,解决用户自己不能解决的问题。图书馆凭借自身拥有的丰富的知识资源和设备,满足用户的知识需求。知识服务促进知识的传播、利用和再生产,使用户掌握知识并使知识创新转化为技术,成为经济社会的生产力。

1.知识服务用户提出问题

知识服务用户在图书馆有三条路径可以获取信息和知识:

①用户自己通过知识服务平台查询信息资源库获得相关信息;

②用户通过知识服务提供者查询特色知识库,从中找到已有问题的现成答案;

③用户向知识服务提供者明确地表达问题,以期获得能够满足其需求、解决其问题的知识。

其中,第一种情况是属于传统信息服务的过程,第二种情况是信息服务逐渐向知识服务发展、完善后的一种体现,第三种情况是本书主要研究的一套完整的知识服务流程。

2.知识服务提供者确定用户需求

当知识服务用户自己不能通过上述第一种路径解决问题时,需要从知识服务提供者处获得帮助,此时,知识服务用户能否明确表达自己的需求成为关键问题。

一方面,是由知识服务用户自身对知识挖掘的素质决定的。图书馆的知识服务用户主要是在校师生。因此,只有明确表达出自己的需求,知识服务提供者才能更好地为用户服务。

另一方面,知识服务提供者能否与知识服务用户建立良好的沟通平台,也影响着用户能否表达出自己的真实需求。这就需要知识服务提供者为知识服务用户分析问题,挖掘出用户的潜在需求。已录入特色知识库的知识产品,只能针对知识服务用户已经编码的,甚至是高度编码的需求开展知识服务,而知识服务提供人员可以针对用户不能编码的、潜在的、隐性的需求开展探索式的知识服务,以循循善诱的沟通,对用户的真实需求更加确切化表达,这一点是进一步开展知识服务的基础和前提。

3.知识服务提供者选取工具

上一步是明确知识服务用户的真实需求,这一环节就是借助以前产生的知识产品对新问题的解决过程。该步骤是知识服务提供者为知识服务用户提供满意答案时,如何判断、选择工具的过程。《劝学》中有句名言:"君子生非异也,善假于物也。"朱熹在《观书有感》中写道:"问渠那得清如许,为有源头活水来。"知识服务也不例外,是以吸收、借鉴、创新、利用已有的相关知识为基础的。对相关知识源头可以有三种途径进行选择:

一是利用知识服务提供者自身的知识储备直接为知识服务用户解决问题。用户在知识服务平台提出问题后,咨询馆员直接根据自己的经验给出解决办法,使用户得到满意答案。

二是借助特色知识库,查询到已有的知识产品。知识服务提供者在不能直接给出用户满意回答的时候,可以利用特色知识库中的知识产品,为用户提供满意答案。

三是知识服务提供者在信息资源库中挖掘、筛选、获取到相关知识,经过分析、整理、升华之后,形成新的知识产品提供给用户。这种途径比较复杂,可能用到的工具比较多,比如信息资源库,特色知识库,馆员内部业务平台里包含的一些知识组织工具和知识服务平台里的各种数据库。

4.知识服务用户满意度反馈

当知识服务用户得到知识产品后,需要对本次知识服务进行满意度反馈。如果用户满意,那么本次知识服务流程结束;如果用户不满意,知识服务提供者需要重新进行进一步的询问、交流与服务,直到用户满意,整个知识服务流程才能结束。由此可见,用户满意度是评价知识服务质量的重要手段。为了保持知识服务能达到最佳状态,就是要通过用户满意度来反馈信息,这也是现代系统论、控制论、信息论的一个重要思想。知识服务的运行和流程完善离不开服务对象的满意度反馈,也离不开对知识产品的评价和应用以及在此基础上的调整、修饰和重构。

5.特色知识库的管理

对于知识服务用户来说,得到满意的知识产品就意味着知识服务流程的结束。但是,对于整个知识服务系统来说,还有一个重要的环节,即对知识服务产生的知识记录加以积累、整理、分门别类以形成一个特色知识库。随着知识服务用户的增加、涉及范围的扩大、研究内容的深化、研究方法的不断变换,特色知识库中的内容也会不断更新、完善、优化,这一工作环节就是对特色知识库的组织与管理。特色知识库不仅对每条知识记录本身进行组织和管理,还要将该问题答案提供者以及得出答案的思维过程等方面加以体现,从而获取各环节中的隐性知识。

综上,特色知识库的管理是信息服务上升为知识服务的关键。图书馆知识服务流程并非绝对以用户提问为起点,在知识服务用户与知识服务提供者交流的过程中,实际上蕴涵着多种服务方式。但是,此处构建的是一种以用户对知识的需求作为出发点到生产出用户满意的知识产品为终点的知识服务模式。这种模式不仅可以提高知识服务用户的知识素质,还能有效提高图书馆员的服务能力,经过不断地知识创新后产生的新的知识产品也可以进一步丰富特色知识库。

至此,从知识服务的主体出发,依据两个平台,借助相关数据库分析了图书馆开展知识服务的基本流程。

(三)图书馆知识服务的运营模式

1.基础知识服务模式

这种服务模式就是将知识聚类、知识重组等,知识聚类是指将知识对象按其属性类别加以集中整序、整合的过程。在图书馆服务中,馆员所做的图书和期刊的整理与管理工作,大都通过分类和标引方法来揭示书刊的内容,并按学科或某种知识关联将大量文献分门别类提供给用户,为用户提供知识聚类服务。它为用户利用书刊提供明确学科类别,便于用户按类索书。知识重组是对相关知识客体中的知识因子和知识关联进行结构上的重新组合,形成另一种形式的知识产品的过程。知识重组的目的是通过对知识因子和知识关联的重新组合,为用户学习和检索知识提供便利。知识重组服务是主要通过书目、索引、文献和文献综述的方式来为用户提供服务。

2. 数字化参考咨询服务模式

这种服务模式以图书馆参考咨询服务为基础,将图书情报服务的前沿和核心作为知识服务的咨询阵地,这样可以体现出咨询服务的中心地位。

该服务模式实现的基本流程是:参考咨询馆员深入细致地与知识服务用户交流,在熟悉用户需求知识的来龙去脉等背景知识的前提下,以用户提出的核心概念、中心思想、关键词等作为检索基础,结合馆员自身的检索知识和经验,深入地挖掘出用户的隐性需求,对用户需求知识重新做分析,制定更为确切的检索策略,检出更为完善的相关知识,对查询到的文献信息做进一步的筛选、评价、分析,最后提炼出用户所需的知识产品。

这种服务模式包括交互式参考咨询服务、异步式参考咨询服务、专家式参考咨询服务、结构化的参考服务和合作式参考咨询服务。

3. 专业化知识服务模式

专业化的知识服务模式,顾名思义是将知识服务提供者按照各自擅长的专业进行分工。这样可以保证他们对专业知识和专业资源的准确把握。按照专业领域来开展知识服务,有利于提高知识服务对用户需求和用户任务的支持力度。

专业学科知识服务是指将知识服务与学科馆员制度相结合按照学科专业领域组织人力和资源,提供学科专业化知识服务的一种服务方式。通过图书馆员中的学科馆员深入某一学科中,配合研究型高校用户,从研究立项到成果验收,进行全程定期跟踪服务,对各专业学科的相关知识、成果评价的知识,权威信息源或载体的知识等进行描述、评价和提示,对全文数据库进行智能类聚和链接,对口提供专业细化,面向不同学科的个性化服务。同时,还要为研究型用户提供各个学科领域的最新研究动态,各个学科当前以至将来的研究热点,预测学科的发展方向,提供学科研究的核心信息源。

许多高校教师用户都承担着一些国家或地方的科研项目,一些学生也参与研究,承担着研究课题中的子课题或为教师收集、整合专题性的知识信息。因此,图书馆员要主动与科研人员合作,深入了解其知识需求,主动为他们提供专题知识服务。对于一些重点项目,馆员应该主动到校科研处调查了解科研立项、课题负责人、经费等有关情况,设计定期服务计划方案,制定检查策略,建立定题服务数据库,切实做好从课题立项到成果鉴定的全程定题跟踪服务。馆员应根据自身专业特长,建立相应学科的馆员咨询网站,将不同学科的咨询服务项目链接到相应的网站上去。科研人员通过表单和 E-mail 等发送方式将专业咨询问题提交给学科馆员,学科馆员将咨询答案和相关信息通过相应途径反馈给科研人员,这样可以大大节省科研人员的时间,提高研究效率。

专业化知识服务注重对高校用户知识需求的挖掘和共享。从用户注册和调查记录、流通和借阅记录、馆际互借记录、电子数据库的使用等统计和分析中得到用户的信息。这样就能准确掌握用户研究的问题及研究的进展,从而有针对性的为用户提供出其所需的各种知识,并根据用户的需求将提炼出来的知识形成一个或多个知识产品,让用户满意。

4. 个性化知识服务模式

这种模式是指按照知识服务用户个人的需求、爱好和知识体系而定制一个聚合了分布式多元化信息资源、工具和服务的数字信息体系,并以此为用户提供连续性、系列化的专有知识服务。这种运营模式与本书提出的知识服务流程相似,体现了知识服务系统以解决用户的实际需求为基础的灵活服务,也将知识服务融入图书馆的组织体制中。

这种模式的现实例证就是我的个人图书馆界面。个性化知识服务的有效形式有很多种。首先是针对不同阶段的高校知识服务用户建立图书情报系统的个人化界面。为用户提供专门的"系统"界面,例如,用户登录系统时,可以看到为用户量身定做的动态化信息(新书通报、定题选报、新闻服务等)。

其次是根据知识服务用户的自有知识和使用情况分析其检索要求,开发出知识服务系统的个人化处理功能,个性化知识服务已经被许多图书馆开展,有的是为学科专家或科研课题组的专门知识服务。

5. 团队化知识服务模式

这种模式与合作模式参考咨询服务有异曲同工之处。由于知识服务对知识和能力的要求,图书馆往往依靠多方面、多种类人员形成团队来开展知识服务。当然,这需要长期和良好的服务质量来赢得知识服务用户信任并保障有效交流。

以上所列举五种模式,并不是全部的图书馆知识服务模式,而是比较常见的、能代表近年来国内图书馆知识服务的几种模式。知识服务的模式因分类标准和研究者理解角度的不同,可以有不同的种类,但唯一相同的就是利用图书情报机构的信息资源及现代化的高科技技术,为广大的用户提供准确、及时、全面的知识服务。本书提出的图书馆知识服务流程是一般流程,根据不同知识服务用户的知识需求,可以选择不同的知识服务运营模式。当然,有效的知识服务并不是单一、独立的,有可能是上述各种模式和其他可能模式的动态组合。

二、图书馆知识服务实现策略

目前,人们对图书馆为用户提供高质量的知识服务已经重视起来,但是,关键的问题是如何实现图书馆的知识服务。由于知识服务用户拥有不一样学历,因此个人需求也不一样,即便是层次相同但是所读专业不一样。因此,也会有着不一样需求,对此各大高校尤其要重视图书馆知识服务质量,注重内容及时更新,结合知识服务系统的基础上为用户提供更多更优质服务。在图书馆中,知识服务用户与馆员的交流都是通过知识服务平台来实现的,从用户提出问题到馆员解决问题这一知识服务流程中,流程优化显然十分重要。只有图书馆努力对知识服务流程进行优化研究,才能为广大读者更好地提供各种知识服务。因此,可以从以下几点策略确保知识服务流程的进一步完善。

(一)细分各层知识服务用户的需求

首先,各大图书馆主要为广大读者提供知识服务,因为人员层次不同因而个人需求自然也就不一样,所以按照用户需求进行分层就某种意义上来说能够确保知识服务顺利展开。

其次,针对教师用户群主要为其提供专业项目服务。例如,任课教师为备课做准备时,主动地、有计划地搜寻相关专业资料、学科前沿发展动态、专业论坛、典型案例分析、综述、研究报告等丰富和充实教学内容。对于专于科研的教师提供交叉专业团队化协作性质的知识服务,这样有利于项目的开展。

正所谓良好的开端是成功的一半,就各个图书馆知识服务流程来看,首要步骤就是保证整体服务质量。因此,对高校知识服务用户要进行不同专业、不同层次、不同需求的划分,这样才能更好地开展知识服务,也能保证每个知识产品的质量。

(二)提高知识服务提供者团队的素质

知识服务提供者与知识服务用户的有效沟通是图书馆知识服务流程的第二步骤。知识服务提供者是以自己的聪明才智以及丰富的专业知识、个人经验满足用户知识需求的图书馆员。图书馆提供知识服务的效果,不仅取决于图书馆丰富的文献资源保障,也更取决于图书馆员团队的高素质。

只有拥有一支优秀的图书馆员团队,才能保证知识服务流程中产生的知识产品的质量。图书馆需要教育和培训出一支训练有素的知识型馆员队伍,这支队伍必须具备胜任知识服务的基本素质;具有良好的职业道德,本着服务至上的原则,全心全意为用户服务;具有良好的交流能力,其中包括面对面的语言表达能力、文字写作的表达能力和馆际之间的公共关系能力;具有较高的外语读写水平和计算机能力;具有扎实的图书情报专业基础,熟悉各类参考工具书,掌握文献检索方法;具有良好的信息组织能力,对各学科前沿信息的挖掘能力,广博的知识结构以及较强的科研能力。综合而言,知识服务提供者应是一种复合型人才,他们可以根据用户需求,运用数据仓库、数据挖掘等技术,对网络上特定学科领域的知识资源进行再挖掘、采集、过滤和整理,将获取的知识进行编目,形成图书馆独特的信息资源库(即形成二次文献信息),而后通过自身的隐性知识对信息资源库中的知识进行再次加工、传递,形成综合性高、针对性强、系统性好、可被用户直接使用的三次文献信息,即特色知识库中的知识产品。

在知识服务环境下,图书馆员在为高校用户群体提供知识服务时绝不能仅仅拥有某一种资源服务能力,如前文提到的,当代图书馆员是复合型人才,应该掌握除本工作特长以外的,知识服务要求的其他方面的业务素质。图书馆可以进行各部门内部组织学习,馆员与馆员之间对服务中遇到的问题进行交流,在某一专题项目中各抒己见,使馆员自身的隐性知识外化,实现本部门自身的知识资源的增长。当然,各部门馆员也可以选择互相交流学习,可以跨越时空的限制就工作中遇到的情况展开讨论,既能提高自身的专业学习与实践技能,又能实现各部门馆员之间的自由交流与知识共享,还能对一些共享的知识进行创新产生新的知识产品。在这种学习模式中,图书馆员的素质会得到进一步提升,为了使其更好地发展,应该有相应的学习交流奖惩制度。对于积极主动参与组织学习,能为高校知识服务用户提供满意服务的馆员(即反馈满意度高的知识服务提供者),图书馆应该重点培养,给予更多的培训机会,以实现提高图书馆知识服务提供者团队素质的目标。

(三)利用知识服务工具

信息技术的发展促进了图书馆的数字化资源建设,各种电子网络数据库系统快速增长。为了提高知识服务数据库的规模和质量,还应该在开发建设自身特色资源的同时,结合本校科研需要和本馆的经济能力,购买和引进一些馆藏数据库,以提高知识服务流程的效率。

例如,利用搜索引擎搜索资源,通过网络全面搜索,在收集到相关资源后,对有效连接进行下载、分类、标引,对学科知识进行全方位地客观描述和整序。不仅要让知识服务提供者高效利用搜索引擎,还要对高校知识服务用户进行搜索引擎的培训教育,使整个图书馆的知识服务流程顺利进行,并加快其循环过程,达到双方都满意的结果,得到新的知识产品。

在信息资源库中,还有很多数据库资源。有效使用这些资源也可以加速知识服务的流程。例如,RSS 聚合内容,它可以在不打开网站内容页面的情况下阅读支持 RSS 输出的网站内容。图书馆用户应该学会使用 RSS 工具,利用它来订阅自己想得到的知识资源。图书馆应建立起自己的图书馆网站,引进各种数据库,完善特色知识库,建立树状目录夹,建立可以逐级浏览的数字化资源或使用搜索引擎进行检索,以方便各类知识服务用户的利用。用户界面应随用户对象的不同而有所变化,采用不同的用户界面和服务方式来满足不同专业学科用户的需求。

(四)改革图书馆组织结构

图书馆某些一线部门的工作是一种共同负责的、协作性很强的工作,而图书馆一般都采用部门化的层级结构,这样的结构从管理角度可以有效定编、定岗,但是从图书馆开展知识服务的角度来看,并不是一种合理的组织结构。部门化会导致各部门之间缺乏交流合作的渠道,这样不利于知识服务流程的开启。尤其是对专业化知识服务模式和团队化知识服务模式的影响。由于图书馆用户的专业不同,具体研究方向也不一致,因此,图书馆可以建立多个专业图书馆。

第四章　现代图书馆的人力资源管理

第一节　人力资源管理的内涵

一、人力资源管理的概念

(一)人力资源管理的分类

从人力资源管理理论发展的历程来看,"人力资源管理"的概念可以总结为以下三类。

第一类是"人力资源管理"的概念,人力资源管理是最广泛意义上的一般管理职能。人力资源管理的这一定义基于管理"人本主义"的哲学,将每个员工视为宝贵的资源。人类学家的观点表明,人力资源管理使用一系列管理行动来确保有效的人力资源管理,其目标是实现个人、企业和社会的利益。

第二类是关于"人力资源管理",表明"人力资源管理"是人事管理的一个新名称。这个概念的假设基础是当前的管理实践和活动是最好的和最可接受的。它可以用来有效地领导人们,并且这些管理方法可以不断改进。因此,人力资源管理是对人事的管理,它包含广泛的概念和技术,必须掌握这些概念和技术才能完成人或人事方面的任务。

第三类是指人力资源管理是一种旨在绕过贸易的复杂管理方法,是证明管理者合法性的另一种方式。

综上可以理解,人力资源管理是在一定环境下,通过计划、组织、协调、激励等管理功能,协调组织中人、事、物之间的关系,探索人类的全部潜力以激发人类创造一系列针对个人愿望和商业目标的活动。

（二）人力资源管理的目标

人力资源管理必须实现以下四个目标：人与事的匹配，要求做到事得其人，人尽其才；促进人与人之间的协调，达到诚信与和谐；一起工作并强调团队合作与工作之间的联系，需要有组织的权力和责任；要发挥整体优势，人的需求与工作报酬尽量达到一致，要求实现酬适其需，人尽其力，讲求最大贡献。

二、人力资源管理的特征

（一）综合性

人力资源管理是一门非常复杂和综合的科学。这需要充分考虑经济因素、文化因素、组织因素、心理因素、生理因素、地理因素等，包括经济、科学、人类学、心理学、技能科学等。

（二）实践性

在过去的几十年里，人力资源管理已经成为一门科学，它是现代大规模生产的产物。

（三）发展性

人类对物质定律的理解往往受到许多主客观条件的限制，不能急于求成、一蹴而就，而需要一个长期的过程。因此，所有学科都是开放的并且正在发展认知系统。

第二节　图书馆人力资源管理的内容

一、图书馆人力资源管理概念

人力资源管理的概念有两种解释：宏观层面和微观层面。宏观层面的人力资源管理主要是指各种方法的运用，一个国家或地区充分发挥其人力资源的潜力是十分重要的。提高劳动力素质，优化劳动力结构，完善人员组织管理,使劳动力和生产方式处于最佳状态。微观层面人力资源是管理人员为特定用人组织选择员工、培训、雇用和留住员工所需的概念和技术的集合。主要包括工作分析、人员、选拔内容、分配、培训、工作考核、报酬以及社会环境等。

图书馆人力资源管理也有两种观点。从广义上讲,管理图书馆的人力资源就是管理图书馆员。狭义的图书馆人事管理是指从人事管理发展而来的人力资源管理,包括招聘、聘用、培训和绩效管理,图书馆人力资源管理的重点应放在人力资源的获取和使用上。

二、图书馆人力资源管理的重要性和必要性

(一)图书馆人力资源管理的重要性

1. 人力资源开发与管理是图书馆生存与发展的生命线

图书馆的生存和发展取决于自身的资源。大多数这些资源由三个主要部分组成:人力资源、物质资源(建筑物、设备、数据等)、财务资源(例如资金),人力资源是使用和控制其他两种资源的第一种资源。

2. 图书馆应开发更适合未来发展需要的系统

长期以来,我国图书馆主要任务的核心是馆藏创建和文献安全活动,即在保存和整理藏书的基础上,为读者提供各种服务,组织结构和材料,规范相对独立的"收、存、借、阅"机构,集中收集、自成一体、分散式的文献信息开展工作。

21世纪的图书管理员将是信息专业人员,其职责侧重于数据的开发和使用以及教育和培训用户处理文献和信息。未来图书馆工作的重心将转向针对性服务,不可避免地要根据针对性服务的需要提供不同的服务,图书馆员工作中的知识水平和主动性决定了服务的质量。显然,现有的人力资源和人事管理系统必须完全更换为新的人力资源系统。这种管理着眼于"人",寻找"人"与"工作"之间的联系,将"人"的发展与图书馆的自然发展联系起来。

(二)图书馆人力资源管理的必要性

1.人力资源管理是图书馆留住人才的有效手段

图书馆员作为知识和智慧的传递者,已成为图书馆存在和发展的主要因素。一个好的图书馆员已经成为图书馆最重要的资源,应支持员工根据个人兴趣、发展机会和要求选择合适的工作,设计合适的职业发展路径,为员工提供帮助,以实现他们的职业目标。

2.人力资源管理是图书馆提高办馆效益的关键所在

图书馆信息资源和图书馆人力资源合理组合,我国图书馆事业取得了长足的进步。图书馆的位置和设施逐渐改善,市、县都有图书馆,政府对图书馆的投资每年都在增加,逐步引进先进技术,现代化设施建设都有不同程度的推进。

图书馆的采访、编目、信息咨询等业务的学术性、技术性、专业性较强,一般都由受过高等教育的专业技术人员即专业图书馆员来担任。总的来说,图书馆员在专业方面有很高的标准。图书馆管理者应充分关注他们的需求,并尽力满足他们的个性化需求。

现任图书馆员在图书馆的发展计划中扮演着贡献者的角色,是网络资源提供者和知识创造者。图书馆管理者应有意识地为图书馆员提出建议并创造各种机会,使其能够通过继续教育、职业培训、内部培训等进一步发展,并具备在图书馆工作所需的知识和技能,成为一流的信息工作者。

第三节　信息时代图书馆馆员应具备的资格

图书馆工作作为一种社会职业,对员工素质有着一定的要求。图书馆馆员应具备的基本素养包括以下几个方面。

一、合理的知识结构

知识结构是指一个人经过专门培训、学习后所拥有的知识体系的构成情况与结合方式。知识结构是影响和制约人的创新能力的一个重要因素,一个人的头脑中接受知识的类型和程度不同,其创新思维能力的强度和方向也就不同。图书馆馆员具有合理的知识结构是从事图书馆工作的必要条件,也是图书馆发展的有力支撑。

图书馆人力资源应具有的知识结构主要包括图书馆学情报学专业知识、外语知识、计算机和网络应用技术知识及相关学科知识。

(一)图书馆学情报学专业知识

图书馆学情报学专业知识是建立在图书馆学、情报学、信息学、文献学、目录学、分类学、图书史以及计算机科学等多学科的基本理论和基本知识基础之上的,具有较好的图书馆学情报学知识是图书馆馆员知识结构的核心,是图书馆馆员从事图书馆业务必须具备的知识基础,是图书馆馆员开展管理工作的重要前提,更是图书馆馆员完成工作任务的重要保证。

(二)外语知识

随着世界经济的高速发展,科学技术的不断进步,国家间的经济、科技和文化的交流与协作日益频繁和密切,各种语言文字的文献及信息资源层出不穷,互联网上的外文资料也急剧增长。因此,当今社会的图书馆获取世界各地不同语言文字的信息资源已变得非常便捷。当前,全球最广阔的网络是以英语为通用语言,图书馆要为读者全面、准确地提供信息,就必须具有较高的外语水平,尤其是英语水平。

图书馆员只有掌握一定的外语知识,拥有较高的外语水平,才能熟练查阅国外文献信息,并能准确地表达和传递信息内容。

(三)计算机和网络应用技术知识

如今,图书馆在图书的采访、编目、典藏和借阅等方面的工作已经普遍实行了计算机管理,部分图书馆都已开始将特色馆藏转化成数字文献提供到网上共享。图书馆网上阅读、网络数据库、知识导航、在线咨询、文献资源计算机网络检索以及电子阅览室等计算机网络化的工作已成为当今图书馆现有工作的重要内容。

具有广博的知识和能够熟练掌握计算机网络技术的图书馆馆员将会逐步取代传统的图书馆馆员。由此可见,掌握计算机和网络知识与应用技能已成为图书馆馆员的必备素质。

(四)相关学科知识

随着现代科学技术的高速发展,许多学科日益交叉渗透,错综复杂,不断产生与走向成熟的新兴学科和边缘学科使得纯粹单一的学科已不存在。

图书馆馆员单一的知识结构已越来越难以胜任多样化信息服务的需求,图书馆的信息服务人员在分析、研究某一个学科领域知识信息的同时,还必须有能力分析借鉴其他学科的技术发展成果的信息,以便更全面、更准确地掌握信息。

为了更好地为读者提供优质服务,图书馆馆员要在精于所学专业知识技能的基础上,具有多学科的知识结构,不仅要掌握图书情报学专业知识,还要有广博的相关学科的知识。图书馆馆员要尽可能有计划、有主次、有轻重地系统掌握一至两门的专业知识,广泛涉猎相关学科知识,积极主动地学习了解其他相关学科的知识和理论,做到对其他学科知识能触类旁通,不断拓宽知识面,丰富文化底蕴,形成"一专多能"复合型的知识结构。

二、良好的职业素养

图书馆人力资源应具备的职业素养包括良好的思想道德修养与知识文化修养、良好的职业道德素质、较强的综合能力以及人际交往能力。

(一)良好的思想道德修养与知识文化修养

思想道德修养是指人们通过自省、自警、自律、自励等方式,不断提高对思想道德的认识和对思想道德的判断水平,建立正确的思想道德观念,陶冶情操,培养高尚的思想道德情感,养成良好的行为习惯,形成正确的世界观、人生观和价值观,树立崇高理想的过程。

知识文化修养是指人们在科技知识、人文历史知识、文学艺术欣赏等方面自我教育、自我开发提高的过程。学习、了解、研究、分析、掌握自然科学和社会科学知识,用人类社会创造的科学文化知识武装自己的头脑,具有较全面的知识体系,能在学习中思辨,培养其独立思考、剖析和总结的能力,不断完善自己的人生观、价值观和世界观。

图书馆要搞好服务育人工作,首先必须高度重视馆员的思想道德修养与知识文化修养建设。图书馆的每一位馆员都应当树立正确的世界观、人生观和价值观,要有强烈的事业心和责任感,热爱图书馆事业,能以满腔的热情和高度负责的精神风貌对待读者,积极进取,甘愿为图书馆服务育人事业无私奉献。

(二)良好的职业道德素质

职业道德素质是指所有从业人员在其职业活动中所应遵循的行为准则。它是一定职业范围内特殊的道德要求,是与人们的职业活动行为紧密联系的、符合具体职业特点所要求的道德准则、道德品质与道德情操的总和。

具有良好的职业道德素质,是做好一切工作的基础,也是整个社会对图书馆馆员履行图书馆所承担的社会职能和责任而必备的最基本的素质要求。

图书馆馆员需要牢固树立"读者第一"的服务理念,始终坚持把为读者提供优质而高效的文献信息服务摆在首位,要想读者之所想,急读者之所需,以满腔的热情积极主动地开展工作,为读者提供最优质的服务。

(三)较强的综合能力

图书馆人力资源是一项烦琐的工作,要保证其工作的顺利进行,馆员还应具有较强的综合能力,具体包括以下几个方面。

1. 学习能力

学习是提高人的能力的基本途径。图书馆本身具有得天独厚的优势,为图书馆馆员的学习能力的培养提供了条件。所有图书馆的成员包括馆长、各部门主管、馆员都要努力营造学习氛围,共同培养主动学习的精神与习惯,激发学习动机和潜能。唯有注重学习的图书馆团队,才能提升图书馆的服务品质,进而影响读者,使读者的学习兴趣提高,使读者更加支持与重视图书馆的各项活动与服务。

实践证明,通过共同的学习对图书馆所产生的归属感,在发挥图书馆整体和专业作用中实实在在地体现出来了,优秀的馆员团队已成为图书馆发展与进步的动力。

2.计算机操作能力

随着现代科学技术的发展及信息时代的到来,图书馆的自动化已成为必然。当前,计算机技术在图书馆的广泛应用,使图书馆的工作发生了前所未有的变化。通过利用计算机技术及计算机网络技术等现代化信息技术手段,对馆藏文献信息资源进行更深层次的加工和快速的传播利用,如从对文献信息的收集、整理、加工、检索直至传播、流通和利用,无不与计算机的操作使用发生着密切的关系。

为适应信息时代图书馆发展需要,最大限度地满足广大读者文献信息需求,计算机操作能力必然要作为每一个从事图书馆工作的馆员的最基本的能力要求。

现代图书馆馆员必须及时学习和掌握最新的现代化信息技术,除计算机操作技术外,还包括与计算机操作技术相关的计算机网络技术、通信技术、光盘技术、数据库技术、多媒体技术等计算机自动化系统的高新技能。

3.信息能力

伴随着信息技术的迅猛发展,人类社会已经进入了信息时代。图书馆馆员只有具备一定的信息能力,才能对海量繁杂的信息进行取舍、组织、加工、整理,才能把握好信息的质量,才能针对读者不同的需求,做出敏锐迅捷的信息反应并及时准确地为读者提供有价值的信息。

信息能力一般包括信息收集能力、信息判断能力、信息处理能力、信息利用能力和信息传递能力。

(1)信息收集能力

信息收集能力是指根据既定信息需求目标,能选择适当的方式手段,自主地、不遗漏地从各种信息源中广泛搜集并获取有关信息的能力。

信息收集是图书馆馆员的基础性工作。图书馆馆员应不断更新完善自身知识结构体系，熟悉各种检索语言、检索方法等基本的信息检索知识，自觉、自主地关注本专业领域的学术、科技发展动态及最新研究成果，熟练掌握和运用现代化技术手段，及时精确地获取本学科领域的最新发展信息。

（2）信息判断能力

所谓信息判断能力是指在众多的信息中，选择那些必要的信息，对其内容进行判断，并从中提取出适当信息的能力。

在一个利益多元化、人人都应拥有正当话语权的社会，越来越多的社会民众从信息接收者变为信息传播者的新媒体时代，信息数量巨大，信息来源纷繁芜杂，如何判断、甄别、收集、利用媒介传播的信息已成为现代图书馆馆员不可缺少的素养。图书馆馆员在信息收集时，具有理性的判断、识别的能力变得尤为重要。

（3）信息处理能力

信息处理能力是指对于收集到的信息，能通过适当的方式进行处理，读取其中隐含的、有利用价值的信息的能力。

随着图书馆信息化程度的不断提高，要满足读者的不同层次的信息需求，图书馆馆员向读者提供的信息服务是通过利用现代化的信息服务手段，对图书馆所占有的大量信息资源进行必要选择、判断、甄别、分析和研究，将其中有价值的信息转化成信息产品，以有效的方式和最快的速度传递给读者，为读者提供高质量的信息服务。

（4）信息利用能力

信息利用能力是指为了某种需要或特定目的，将已获取并经过处理的信息运用于实践，以实现预定目标，使信息的价值真正得以体现的能力。

图书馆馆员需要用合适的方式方法和手段密切关注相关信息，及时地进行选择、判断、加工和应用。并且要利用创新思维，把看似无关紧要的信息有效地应用于实际工作，创造出全新的利用价值。同时，要根据读者的不同类型和特点,有针对性地为读者提供服务,如帮助读者搜索、获取和利用信息,经常性地为读者开展信息教育,增强读者的信息意识和利用信息的能力。

(5)信息传递能力

信息传递能力是指能基于信息接收者,即信息受众的立场,在信息经过处理的基础上,将有关信息及时有效地传递给信息接收者(包括个人和其他社会组织机构)的能力。

不同形式的信息传递方式和手段的使用,能够帮助读者更快捷、更准确地获取信息,让信息为读者服务,让读者满意。特别注意的是,图书馆馆员在传递信息时,应对信息进行适当的处理,要为读者负责任地予以传递。

(四)较强的人际交往能力

人际交往能力是指能妥善地处理组织内外人际间关系的能力。包括能够与周围环境建立起广泛而和谐的联系,对外界人际信息的转化、吸收能力以及正确处理上下左右人际关系的能力。

图书馆在开展读者服务工作时,离不开人与人之间的交流,图书馆馆员工作中必定需要接触各种不同类型的读者。因而,图书馆读者服务工作的性质决定了图书馆馆员必须具备良好的人际交往能力。图书馆馆员在为读者提供文献信息服务时,不仅是传递文献信息的过程,同时是与读者进行信息交流、思想交流的过程。只有通过与读者建立起良好的关系,才可以充分了解读者对馆藏文献信息资源的需求度,以增强改进为读者服务的效果。

图书馆馆员不仅要妥善处理好与服务对象读者之间的关系,而且在平时的工作中,还要协调处理好与同事、领导之间的关系,要善于友好和谐地与同事相处,善于有效地与同事沟通,善于与周围同事团结协作,优势互补,互谦互让;对待下级要以诚恳、平等的态度待人接物,尽力与他们建立起各种正常友好的关系;应尊重上司,服从领导,上级布置的工作任务要认真完成,遇有不同意见时,应该用恰当的方式提出,从而营造出一个和谐愉快的工作氛围和良好的读者服务环境,促进图书馆事业健康向上发展。

三、强烈的服务意识

图书馆人力资源的服务意识是指图书馆馆员在服务读者的过程中所体现出的为读者提供热情、周到和主动服务的欲望和意识,是馆员自觉、主动地做好读者服务工作的一种观念和愿望。服务意识是图书馆工作的价值核心。

图书馆人力资源强烈的服务意识主要包括"以人为本"的服务意识、深化服务意识、平等服务意识、全方位服务意识以及开放服务意识。

(一)"以人为本"的服务意识

从根本上来说,图书馆的工作是以满足人的知识信息的需求为使命的。所以,"人"应当是图书馆一切活动的出发点和归宿。在图书馆工作中,只有把"人"的因素摆在首要位置,确立"以人为本"的服务意识,并且把这一意识切实融入图书馆的实际工作中,贯穿于图书馆管理的全过程,以读者为本,为读者服务,从读者的根本利益出发,满足读者的一切合理需求,才能更有效地发挥图书馆的职能。

(二)深化服务意识

当今社会已经进入数字化信息时代,读者服务工作已不单是书刊的流通,而是一个多重层次的服务工作。高校读者对文献信息的需求,已逐步从过去的那种仅仅对简单的原始文献的借阅,变为需求内容丰富、经过筛选加工、能直接利用的知识信息。

在这种新的形势下,图书馆应当树立深化服务的意识、深化服务的内涵,提高服务层次和水平,为广大读者充当信息导航员。因此,馆员必须开展馆藏文献信息资源的深加工服务,让读者能在尽可能短的时间内获得他们所需要的最有价值的信息。

(三)平等服务意识

图书馆在服务行为上,对待每一位读者都要一视同仁,不论性别、年龄、地位以及受教育程度等的不同,都应当平等接待,都要积极主动地为他们提供自由、平等、温馨的服务。尤其是残障人士等特殊读者,图书馆要为他们提供尽可能多的便利。

(四)全方位服务意识

随着时代的发展,社会的进步,图书馆已逐步摆脱了传统的藏书、借书的形象,图书馆的服务项目和服务功能已越来越多样化。因此,图书馆要强化全方位服务意识,利用先进的科学技术和手段,创建新的便利的服务渠道,开展多种层次、多种形式的读者服务工作,使图书馆成为高校为教学、科研服务的多功能的服务中心。

(五)开放服务意识

图书馆应积极参与全国性、地区性、行业性图书馆以及公共图书馆和其他类型图书馆的联盟与协作,努力整合文献信息资源,开展馆际互借和文献传递,进行联合信息咨询,不断拓展馆际协作和共享的服务项目,充分发挥文献信息资源优势和馆员的专业优势,拓宽服务领域,积极开展面向社会读者的开放服务。

第四节 信息化时代图书馆人力资源管理的创新实践

图书馆人力资源更新主要涉及图书馆人力资源招聘、租赁、外包等内容。在信息时代,做好图书馆人力资源更新工作有利于促进图书馆人力资源管理。

一、信息时代图书馆人力资源招聘

图书馆人力资源招聘工作会直接影响图书馆组织的发展和馆员的切身利益,所以应谨慎稳妥开展。

(一)图书馆人力资源招聘的意义

所谓招聘,指"通过某种方式,把具有一定知识、技能和其他特性的应聘者吸引到组织空缺岗位上来的过程"。招聘其实是一种组织与应聘者个人之间进行双向选择和匹配的动态过程。在招聘过程中,招聘人员应坚持公开竞争原则、平等原则、因事择人原则以及全面原则。

图书馆人力资源招聘的意义具体可以从图书馆内部与外部两个层面进行分析。

从图书馆内部来讲,招聘对图书馆的生存与发展会产生重要的影响。图书馆只有招聘到合格的人员,安排在合适的岗位上,并在工作中重视馆员的培训和发展,确保馆员队伍的素质适应图书馆的需要,只有这样,才能提高图书馆的竞争力。此外,招聘对于馆员具有激励作用,可以激发内部的活力,进而促进工作效率的提高。

从图书馆外部来讲,招聘活动可以看作图书馆的公关活动,可以帮助宣传图书馆的形象。从招聘信息的发布,招聘过程中的测试,直至最后的录用,都可以使公众更好地了解图书馆。

(二)图书馆人力资源招聘的方法

图书馆人力资源招聘主要分为内部招聘和外部招聘,下面主要从这两个方面分析图书馆人力资源招聘的方法。

1. 内部招聘的方法

常见的内部招聘的方法包括下面几种。

(1)张贴招聘告示

这一方法使用普遍,一般针对图书馆中所有的馆员,通过醒目的公告将职位信息提供给求职者。

(2)图书馆人员后备库

图书馆人员后备库是专门记录具有特殊技能的馆员资料,如果图书馆需要某种特殊技能的人员,可通过查询人员后备库进行遴选。

(3)馆员推荐计划

由图书馆的馆员主动推荐一名优秀的求职人选,该计划可以为图书馆招聘到具有特殊技术和资历的人员。

（4）人事记录

图书馆的人事记录一般涵盖所有馆员的信息，如教育背景、工作经验、兴趣爱好和技能等。在招聘时，可借助这些信息对人员资格进行初步的确认，便于进一步考察和任用。

2.外部招聘的方法

如果内部招聘不能获得足够数量的所需人员，可考虑外部招聘，外部招聘途径有很多，这里主要介绍以下几种。

（1）猎头公司

猎头公司专门为组织选聘有经验的专业人员和管理人员。一般情况下，猎头公司不为个人服务，且每次服务无论组织是否招聘到中意的候选人均需要向猎头公司付费，图书馆人力资源招聘可通过猎头公司来搜寻中、高级管理人员。

（2）职业介绍机构

职业介绍机构通常存有大量的各类应聘人员的信息，便于将这些信息提供给招聘单位。图书馆人力资源招聘采用这一方式，可以节省时间，同时能获取较广的应聘人员信息。当然，职业介绍机构要收取一定的费用。

（3）主动求职者

这一途径的费用比较低，且求职者一旦被录用，通常不会轻易离开组织。但其缺点是，主动求职者往往对所要申请的工作不能很好地了解。所以，在招聘管理人员和专家时，一般不采用这一途径。

（三）图书馆人力资源招聘的流程

一般而言，图书馆人力资源招聘的流程如下。

1.获得应聘者简历

通过发布招聘广告、校园招聘会、专场招聘会、在人才市场设立招聘站等形式发布招聘信息，获得应聘者的简历等资料。

2.初选

图书馆招聘领导小组根据岗位的具体要求对应聘者进行初选。

3.筛选

图书馆招聘领导小组筛选出合适的人选,然后对筛选出来的合适的人选进行进一步筛选。

4.测试

图书馆招聘领导小组对入选的合适人选进行测试,测试包括面试和笔试,通过面试和笔试对应聘者进行考核,从而确定图书馆录用的人选。

5.人员聘用

人员聘用工作的主要任务是根据录用决策的结果,通知录用人员报到,安排岗前培训,签订劳动合同或聘任合同,安排上岗,进行 3～6 个月试用期的考察,将实际工作表现与招聘时对其能力所做的测试结果进行比较,对招聘录用时测试方法的信度和效度进行判断。

需要提及的一点是,招聘结束之后,还需要对整个招聘工作予以检查、评估,总结经验,纠正不足。将评估结果形成文字材料,以供下次参考。

(四)图书馆人力资源招聘的措施

1.制订科学、合理的人力资源规划

首先,根据图书馆的发展目标,对图书馆在未来环境变化中人力资源的供给和需求情况进行合理预测,制订必要的人力资源获取、利用、培训和开发政策及措施,从而保证图书馆获得其所需要的人才。

其次,根据人力资源规划,确定明确的选人标准。结合图书馆的实际情况使用工作分析法,如需要具备的专业知识、能力、个性特征等。在技能和个性等方面进行量化分析,制订出此岗位所需招聘人员的最佳素质的一系列数据,并以此为标准筛选馆员,达到预定标准的应聘者才是图书馆招聘的对象。

2.寻求图书馆文化的认同者

图书馆要健康发展、良性运作,离不开一个良好的图书馆文化氛围。

图书馆文化对馆员的塑造,形成图书馆较强的凝聚力,具有十分重要的意义。所以,图书馆招聘时,不仅要求应聘者具备一定的学历背景和语言要求,还要求应聘者了解图书馆文化。图书馆的招聘应注重图书馆文化的宣传,寻求图书馆文化的认同者,只有这样才能更好地促进图书馆的发展。

3.制订有效的测评面试方法

目前,人力资源测评手段多种多样,主要以面试为主。对于图书馆不同岗位的应聘者,所采用的面试方法也应有所不同。

4.提高图书馆招聘人员的素质

通过对招聘者图书馆业务知识、文化知识和技能的培训以及沟通和技巧等方面的培训,以提高图书馆招聘人员的整体素质。此外,招聘人员还应具备以下专业素质:公正、公平、克服感情用事、做到知人善任。

二、信息时代图书馆人力资源租赁

(一)图书馆人力资源租赁的意义

人力资源租赁具有重要的实践意义,这里主要从以下几个层面进行分析。

①对国家而言,人力资源租赁有利于促进第三产业的发展,是国民经济新的增长点。同时,它有利于扩大就业面、缓解就业矛盾,对社会具有一定的积极作用。

②对图书馆而言,人力资源租赁减少了招聘、选拔、录用、培训、离退休、人事管理等环节,降低了馆员使用成本。此外,以岗租人,对馆员人数起到了有效的控制作用,精简图书馆管理机构,提高人力资源使用效率;同时,减少用人风险,可以使图书馆吸纳优秀人才。

③对租赁公司而言,人力资源租赁有利于拓展业务,增加利润。

④对人力资源而言,人力资源租赁有利于充分发挥自己的专长,提高自己的收入水平。

此外,就个人而言,很多人往往对国家劳动人事政策和办理程序不熟悉,由租赁公司代其跑人事劳动部门,调档案、办保险、落户口等,既节约了时间,同时消除了后顾之忧。

(二)图书馆实行"人力资源租赁"制度的措施

1.因馆制宜,合理利用"人力资源租赁"制度,最大限度调动租赁人员的工作积极性

"人力资源租赁"制度有其自身的优点。各图书馆应结合本馆的实际情况,如图书馆的规模、类型、数字化程度、服务方式等,决定是否使用该制度,以及如何使用该制度,从而激发馆员的积极性,使其更好地服务于读者。

所以,图书馆可以尽可能地争取上级主管部门的理解和支持,使图书馆有一定的人事自主权和经费自主权,根据图书馆的目标要求适当地、恰当地选择所需租赁人才的类型和层次,按需设岗,因岗定酬,给租赁人员提供合理的待遇。

2.加强租赁人员培训,提高租赁人员的素质

馆员素质直接关系到图书馆的服务质量。图书馆要生存和发展,离不开一支高素质的馆员队伍。

租赁人员作为图书馆员中的一分子,也需要接受相关的培训教育。要有计划、有系统地组织安排租赁人员,尤其是组织对非专业出身的租赁人员进行专业基础知识与技能的培训。

3.构建客观、科学的图书馆租赁人员评价体系

图书馆应构建一套客观、科学的租赁人员评价体系,坚持科学性、可行性、全面性和可比性等原则。

可以采用专家咨询法和对偶比较法确定租赁人员质量评价指标权重。从确立标准与评价手段入手,找出建立图书馆专业人才评价体系的重点与难点,提出可行的方案与措施。通过建立规范的人才引进绿色通道,采取多种方式、方法引进租赁高层次人才,充分发挥图书馆对各层次人才的吸纳集聚,促进图书馆服务工作、科研工作以及现代化技术的创新。

三、信息时代图书馆人力资源外包

(一)图书馆人力资源外包的含义

图书馆根据自身工作需要,将某一项或几项人力资源管理职能外包出去,将原来由组织内部人力资源部承担的工作职能交由人力资源机构来管理、实施,从而使人力成本降低,最大限度地提高效率。这种现象就是图书馆人力资源外包。

通过外包,能使图书馆人力资源管理人员从作业性、事务性的工作中解放出来,将重点放在思考战略规划、职能建设、提升人力资源竞争力等上面。

(二)图书馆人力资源外包的方式

图书馆人力资源外包方式有很多,应根据组织外包的目的、服务商资质、环境等因素决定选择外包方式。

1.整体外包

整体外包常用于组织进行一项人力资源管理活动时,没有做过相应的工作,但工作又较重要的情况下。

此外,还有一种情况也可以采用整体外包:在实施此项管理活动时,成本太高或效果不能达到预期目标,需借助外部综合的人力资源公司或专门的咨询机构,如实施员工职业生涯设计工作等。

2.部分外包

部分外包是指将所进行的一项人力资源管理活动的一部分(干不了或干不好的)进行有条件(按照提供的信息资料和在规定的时间内完成)的外包。

3.大包干

一些组织没有人力资源管理部门,他们将所有人力资源管理活动全部外包出去,组织不进行相关的活动,不设计,不实施,只提供建议和实施监督。

4. 小包干

小包干是将组织的一种或多种人力资源管理活动全部外包出去，自己仅负责检验和考核活动结果。例如，组织的招聘活动完全由外部招聘机构来进行，组织仅提出相应的员工及资格条件、员工的考评等。

5. 综合外包

组织在进行人力资源管理活动时，可能不只是其中的一种，很可能综合使用了几种外包形式，发挥各种外包的整合与协同作用。

(三)业务外包后的图书馆人力资源重组及影响

随着社会的不断发展，现代化和网络化在图书馆普遍利用，虚拟馆藏比例的上升，再加上联机编目的普及，图书馆的人力资源结构将发生巨大的变化，具体如下：

①编目水平高的馆员转换角色成为外包编目合同的核查员、外包编目质量的控制员，或直接到外包公司从事编目工作。

②电脑水平高的馆员转换角色成为外包网络合同核查员、外包管理系统的质量控制员和网络信息导航员等。

③理论水平高的馆员转换角色成为信息咨询馆员、学科馆员或文献检索教师。

④亲和力强的馆员转换角色成为阅读指导馆员、文献流通馆员等。

我国图书馆业务外包实践表明，业务外包可以实现高效、低耗、优质的管理目标，同时使图书馆基本的、最核心的职能——服务凸显出来，图书馆在经历了多年的曲折探索和发展后，再次清晰地认识到了自己的核心价值。

第五章 现代图书馆信息资源建设与管理

第一节 图书馆信息资源建设

数字信息资源随着数字存储传输技术和网络技术的发展而逐渐发展,数字信息与多媒体网页、数据库和计算机软件不同,从一开始就是二进制代码。

图书馆的数字信息资源的建设包括两个方面。一个是图书馆的数字化。另一个是数字信息资源的收集与当前的快速发展相对应,数字时代的数字信息资源在数量、结构、分布和传播范围、媒体形式、控制组织和管理模式等方面与传统信息资源有很大的差距。因此,只有高效的组织和管理才能很好地管理数字信息资源,维持高度有序的信息环境,满足各级日益增加的信息需求,提高数字信息资源的利用率。

一、信息资源的演变与发展

(一)信息的概念

"信息"这个词在人们之间广泛使用。进入信息时代,是社会生活和经济活动频繁的关键词之一,以前作为"新闻"被使用。事实上,人们现在使用的"信息"的概念,内涵和外延与以前有很大的不同。特别是随着信息论和控制论的出现,应用于自然科学和社会科学的许多领域,成为在哲学、数学、系统论、控制论、经济学和经济学、管理学等学科上共同讨论和使用的重要概念。不同学科和研究视角不同,对信息概念的理解也不同。但是,不管怎么理解,"信息"都反映了人与物之间相互作用产生的内容。因此,信息的内容是所有数据、符号、信号、材料等的集合。在数字信息环境中,其表现形式也是多种多样的,数字、文字、语言、声音、符号、图形、报告等也可以表示信息。

(二)信息资源的概念

在生产力低、科技落后的农业社会,人们无法从"资源"的观点理解信息。在信息时代,将信息应用于生产,缩短生产周期,节约材料资源,降低产品成本,提高产品质量。在信息时代,以计算机和网络技术为中心的现代技术通过信息的充分开发利用,提供了前所未有的技术基础和条件,使信息的利用更加便利。因此,狭义的信息资源是通过人的选择、加工、组织和分类收集的有用信息,除了信息的内容本身之外,信息资源应该包括密切相关的信息设备、信息人员、信息系统、信息网络等。但是,从信息资源建设的观点来看,信息资源的概念主要是狭义的。

(三)信息资源类型的发展

信息必须取决于特定的载波形式。根据信息资源的载波形式,信息资源可以被分类为类型信息资源、文献信息资源、网络信息资源、实体信息资源。信息资源以人体为媒介,可以识别会话、上课、唱歌等口头信息资源和表情、手势等语言信息资源。文学信息资源是指以文学为媒介的信息资源。网络信息资源是指结合计算机技术、通信技术、多媒体技术,可以在互联网上检索的信息资源,例如电子书等,在线杂志、各种数据库、电子邮件等信息。实物信息资源是指产品、样品、模型、雕刻等人工实物信息资源以及野外地质剖面、海岸线形态等自然物理信息资源,从图书馆信息资源的建设角度来看,信息资源是书面文献信息资源、印刷文献信息资源、文献信息资源的简化、观看文献信息资源和数字信息资源。

书面文献指以雕刻和笔迹的形式记录在各种自然材料、纸和其他不同媒体的知识和信息内容。包括古代占卜、金文、简图、现代笔记、笔迹、信件、原始文件、会议纪要等。

印刷型文献是根据平版印刷、油印、打字机、复印等印刷方式,将知识信息的内容记录在纸介质上的一种文献形式,具有容易读、直观、随意、鉴赏力强等特征,印刷文献主要是书籍、杂志、报纸、是特别文献等散布的资料。

图书是最普通的文献和信息资源,它们以纸为媒介,记录了全面的、系统和成熟的知识。包括专著、翻译、教科书、数据编辑、通俗读物、儿童读物等。它还包括参考文献、索引、摘要、指南、百科全书、手册、年鉴、词典、辞典和其他参考书。近年来,图书和连载图书的数量与日俱增,方便读者使用特殊文学信息。

期刊内容广泛,知识新颖。其内容涉及经济、思想、科技、文化教育、文学艺术、社会生活等领域。因此,杂志、期刊等有学术、工艺美术、普及、检索、信息等。由于周期性,发行周期短,信息传播速度快,可以及时反映最新的理论、技术、方法、趋势等信息。定期刊物分为年刊、半年刊、季刊、月刊、月刊、半月刊等。近年来,虽然定期刊物的种类没有明显增加,但各种期刊的页数逐年增加,许多期刊的期数也在增加。大部分期刊从季刊变为双月刊,从双月刊改为月刊,月刊改为半月刊,最后到月刊。

报纸是出版周期最短、封面最广、时效性最强的定期连续出版物。具有报告、宣传、评论、教育、参考、咨询等各种社会功能。它是最灵活、最生动、最重要的信息资源。可分为综合报纸和专业报纸。另外,根据报道的范围,有全国报纸和地方报纸。另外,根据出版周期的不同,有日报、周报、月报,日报又可分为晨报和晚报。也就是说,报纸的信息资源正在蓬勃发展。

特殊文献是指以出版形式存在于书籍与出版物之间的特殊科学技术文献,主要包括科技报告、政府出版物、会议文件、论文、专利文件、标准文件、产品资料等,特殊文献的特殊性如下:很多特殊文件是内部引用,有时没有标准书号,很多文件没有 ISBN 号,也没有连续性。例如,论文集有时会在学术会议的文献中发表。

缩微型文献信息资源是指利用光学记录技术缩小印刷文档的图像并记录在感光材料上的文档。缩微型文献的信息资源主要指微数据,分为缩微胶片、缩微胶卷、缩微卡片等。缩微资料的主要优点是体积小、重量轻、信息量多、复制性能好、无混叠。也容易转换成其他形式的文献。价格只有印刷品的 $1/10\sim1/15$。缺点是阅读不方便，它需要阅读放大机，不如打印文档有效。同时，缩微胶片材料的储存和使用条件严格，设备成本高。

因此，公共图书馆很少或没有馆藏。

视听文献信息资源是指以电磁材料为媒介，以电磁波为信息符号，记录声音、文字、图像的动态文件。视听文献信息资源主要是指视听材料，可以分为音像资料、视觉资料和听觉资料，这些是由人的感官决定的。视觉资料主要包括照片底片、摄影胶卷、幻灯片、无声影片、传真照片等，听觉资料主要包括录音带、摄影胶卷等录音资料。视频资料主要包括有声影片、电视片、配音录像带等，视听材料是生动活泼的教育以及鉴赏的重要材料，是公共图书馆和专门图书馆收集的重要资料。

数字信息资源是指将文本、图像、声音、动画等形式的信息数字化存储在光、磁等非纸介质中，用光信号和电信号发送的信息资源。数字资源与单个机器信息资源和网络信息资源不同。单机器信息资源不是经由网络发送的数字信息资源，而是由计算机存储、读取的信息，主要存储在磁带、磁盘、光盘中。有很多限制，不利于获取和共享信息资源。网络信息资源根据使用形式分为联机检索信息资源和互联网信息资源。联机搜索信息资源是指通过网络数据库获取信息，其内容通过主机或在线网络或检索终端被广泛传播，具有搜索精度高、信息量多、节省时间的特征，网络是获得网络信息的重要手段。网络信息是世界上最具活力和发展前景的信息资源，各种信息的内容集中在用户界面上，便于统一使用，方便用户访问的用户界面与在线搜索信息不一致。如果需要使用的话，还需要请专家协助。

在数字信息环境下，数字资源得到了巨大的发展，成为社会发展、经济建设和科学研究不可或缺的信息资源。因此，数字信息资源是图书馆收藏的重要对象。数字信息资源的发展引人注目，不仅数量急剧增加，种类也多种多样，从相对应的非网络信息资源中分离出来，被分成电子书籍、电子杂志、电子报纸、信息数据库等电子信息。

电子图书通过二进制数字化记录文本、图像、声音、其他信息,通过磁盘、光盘、网络等电子媒体分发。其中当地的数字出版物,一开始就有电子书籍。电子书籍有很多优点。①携带方便,外出时可以读很多书。②读书自然是自由的。即使不看电脑画面,也可以像纸质书一样翻页。③系统附带的笔记工具可以在页面上写评论和感想。④通过检索关键词、全文、标题等位置,读者可以快速找到自己需要的书籍,正确访问章节,减少读者准确查找书籍的时间成本。⑤读外语书的时候,有不知道的单词。只要点击这个单词就能听到发音。⑥读取图像后,图像会动态变化。例如从动态的观点来看,可以看到花蕾慢慢开放的过程。因此,电子书越来越受欢迎并成为图书馆的重要内容之一。

电子期刊是指用数字的形式保存在电子媒体中,通过电子媒体发布,并不断出版的出版物。电子期刊分为印刷版并行出版的电子版期刊和纯电子版期刊。前者在网络服务器上设置电子杂志,为编辑、出版、印刷提供在线服务。后者则是投稿、编辑、发布、订购、阅读,甚至是读者意见反馈都在网络环境中进行。与此相比,与印刷版并行出版的电子期刊正在蓬勃发展。印刷版期刊的历史悠久,Elsevier、xford 等知名出版社都非常受欢迎。如果这些期刊被电子出版的话,用户马上就能收到。电子期刊是图书馆收藏的重点。根据出版来源的不同,有原始出版机构发行的电子杂志和非原始出版机构发行的电子杂志。前者是出版机构通过互联网直接发行,后者是电子期刊出版物的整合。

电子报纸以多媒体技术为基础,在报纸出版、发行、利用的全过程中应用电子技术,成为新型的数字媒体、网络技术和通信技术。可以使用电脑或其他电子设备通过网络阅读。电子报纸越来越流行,图书馆和公共场所制作了很多触摸屏电子报纸。除了文本之外,还可以显示表格、彩色图像以及声音和视频等多媒体信息。电子报纸分为四种形式。第一种是纯纸质的电子报纸。第二种是在网上建立了独立的网站。第三种是电子新闻数据库。第四种是便携式的电子报纸,可以随身携带,方便省力。这种电子报纸可以用网卡离线阅读。可以存储很多报纸和相关数据,容量大,方便阅读。

信息数据库是指根据一定的数据模型在计算机系统中组织、存储和使用的相关数据的组合。数据库大小不同。也有很多专业的内容。数据库的记录方式可以分为目录数据库、目次数据库、索引数据库、文献数据库、综述数据库、事实数据库、数值数据库和全文数据库。

书目数据库是指图书馆或情报部门根据需要制作的收藏书目数据库和联合目录数据库。目前图书馆收藏目录现在正在发展成联机公共目录检索系统。通过图书馆目录的 URL,可以查询世界各地图书馆的收藏信息。这是信息资源建设和共享的最早也是最重要的成果之一。

目次数据库是指将某些期刊论文的篇名目次汇集在一起,供人检索用的数据库。

索引数据库指的是在出版物中以"篇或知识单元"作为著录单元的检索型数据库。常见的有篇名索引、内容索引、引文索引等数据库。

文摘数据库多数是将印刷型的文摘进行数字化处理而形成的数据库,是图书馆资源建设的重要内容之一。

综合数据库是将纸质的综合期刊数字化后才能使用的数据库。

事实数据库是系统地存储、检索和利用的基本事实的数据库,包含事实、概念、想法、知识以及其他非数字信息。

所谓数字数据库,就是收集物质的各种参数、观测数据、统计数据等数字数据,收集图表、图谱、市场状况、化学分子式和物质的各种特性等非数字的数据,并根据事物的某个属性进行收集。例如,科学数据库和工程数据库。

全文数据库是存储文献全文的数据库。从数据检索意义来看,全文数据库分为两部分。一部分是可以全文检索的电子书籍类型的全文数据库。另一部分是文献图书馆全文数据库、杂志全文数据库、学位论文数据库、学术会议论文数据库等。

根据信息数据库的文献类型,信息数据库包括电子书籍数据库、期刊数据库、报纸数据库、学位论文数据库、会议论文数据库、专利数据库、标准数据库、产品数据库和各种主题数据库。数字信息资源的开发大大促进了知识信息的利用,充分发挥了其固有的作用。总的来说,会议论文的主题是明确的。许多科学上的新发现、新思想、新成果都是第一次在学术会议上发表的。因此,我们可以从会议论文中感受到行业发展的新趋势。另外,在导师的热心指导下,学位论文尤其是博士论文收集了大量文献资料,进行了全面系统的论述,提出了创造性的见解,具有很高的学术水平和参考价值。论文数据库是学术研究的重要来源,但是论文的利用率是有限的。因为只能在小范围内使用,所以大幅扩大了论文数据库的使用范围。而纸质的信息资源的普及利用具有存在一定的困难。另外,专利数据库的发行也非常方便,同时也包括标准数据库和产品数据库。

其他电子信息主要指上述类型以外的电子信息,主要有电子邮件、电子公告等,都是网络信息资源的重要组成部分。

二、信息资源建设的含义及内容

(一)信息资源建设的含义

"信息资源建设"这个词在图书馆业广泛使用,但"信息资源建设"这个词也在变。在中国,"藏书"这一概念出现在先秦时代,当时社会生产力低,社会知识成果有限。现代社会,随着杂志、报纸、教科书等新出版物的诞生和发展,图书的种类和出版物的数量与日俱增。图书馆的藏书不限于狭义的书籍。图书馆也无法收集所有的文献,所以出现了"藏书采访"这个专业术语,强调图书馆有计划、科学、选择性地收集文献。

文献资源建设是指对文献资源进行系统规划、选择、收集、组织、整理的全过程。根据图书信息机构的服务任务、服务对象以及整个社会的文献信息需求,组织管理文献资源,构建具有特定功能的文献资源体系。其核心内容包括两个阶段的意义,即具体图书馆信息机构的藏书体系的建设,即图书馆如何收集、组织和管理各种分散无序的文献,建立一个相对完整的体系。

文献资源的建设突破了传统图书馆藏书建设的界限,更好地概括了文献以及文献工作的本质,从构建文献资源保障体系的角度和高度,从各种文献收集和研究、馆际合作、文献资源管理等方面把一系列宏观文献资源建设理论引入了研究领域。结合文献资源建设和资源共享,建立共同目录报告系统,20 世纪 90 年代以来,随着信息技术的迅速普及,尤其是互联网的迅速普及和数字图书馆的快速发展,文献资源建设的实践发生了很大的变化。20 世纪 90 年代中期,图书馆业提出了信息资源建设的概念。面对各种形式的数字信息资源的出现,图书馆的信息资源结构发生了翻天覆地的变化。同时,只有利用先进的信息实现信息资源的共享,才能最大限度地实现信息资源的共享。这个系统问题在文献资源建设的概念中是不被接受的。因此,它只涵盖了信息资源建设的概念。信息资源的建设是人类无序地选择、收集各种媒体信息、组织和开展活动、形成可用的信息资源系统的整个过程。在数字信息资源的环境下,图书馆信息资源的建设要根据图书馆制定的目标和其他图书馆的协议进行分工和合作。构建信息资源系统的整个过程是无序地选择、收集、开发、组织各种媒体信息。

(二)信息资源建设的内容

1.信息资源体系规划

信息资源系统是指具有信息资源的各要素相互联系、交互形成的特定功能的有机系统。信息资源系统的计划需要以信息资源系统的功能为基础,设计信息资源系统的微观结构和宏观结构。各具体图书馆根据本馆的性质和任务,确定信息资源建设的原则。制定信息资源建设计划,制定各种信息资源的收集量、比例和水平,这是从微观的角度来看。宏观角度来说信息资源体系是一个系统,计划由一个地区乃至整个国家统一规划、分工,建立更加完整的信息资源体系。

2.信息资源的选择与采集

图书馆根据原则、范围、重点、复制标准、图书比例、纸张信息资源和电子信息特征、读者和用户的使用特点、资金的购买情况,选择和收集各种信息资源。读者和用户的需求是动态的。作为信息资源的选择和收集的一部分,为了有效利用收集到的信息资源,只能追踪需求的变化,特别是价格高、规模大的海外数据库资源。

3. 馆藏资源数字化与数据库建设

为了促进资源共享,图书馆通过计算机、大容量存储技术、全文扫描技术和多媒体技术,将具有独特价值的纸质文件转化为扫描全文的电子文档。数据库的建设将购买和建设结合起来,除了计划选择数据库资源外,还将建设一部分数据库。数据库的建设主要是图书数据库和特色数据库的建设,图书目录数据库是图书馆信息资源开发的基础数据库,是实现图书馆网络化、自动化的基础,与联机编目和联合目录数据库的建设产生直接关系。特别是外语期刊的目录数据库直接创建目录数据库,特色数据库是图书馆的集中表现是具有中国特色的资源。

4. 网上信息资源的开发利用

网络的信息资源丰富多彩。图书馆可以为其发展机构建立自己的虚拟图书馆,这里的开发利用是根据用户的需要和资源建设的,对互联网上的信息资源进行检索、选择和发掘,下载到图书馆或本地的网络中然后链接到图书馆的网页上。根据使用者的需要,图书馆将尽可能多收集和选择相关网站,作为未来合并和跟踪对象。

5. 信息资源的组织管理

信息资源的组织和管理是指馆藏的纸质信息资源和电子信息资源的组织和管理,其目的是有效利用资源。纸质信息资源的布局和排列非常重要。因此,要妥善处理图书馆的收藏,整理图书馆的结构,充分利用图书馆的收藏,中国的电子信息资源也在不断增加。因此,图书馆将购买的数据库资源进行整合,为用户合理划分各种资源。利用数据库充分展示其内容,实现跨数据库检索,提供"一站式服务",尽可能方便用户信息利用,节省宝贵的时间。

6. 信息资源的共建与共享

进入信息时代后,各种信息资源激增,特别是数字化的急速发展和电子资源的激增。在数字信息环境中,图书馆已经不能利用图书馆本身的力量来满足用户日益增长的信息需求。因此,信息资源的共享成为图书馆的呼声和最高目标,但是信息资源的共享前提是信息资源的共同建设,这也说明信息资源的共同建设是信息资源建设的重要组成部分。在数字信息环境中,信息资源的共同构建和共享实现以下目标:建立相对完整的信息资源保障系统,形成广泛便利的图书信息网络,构建高速高效的文献传递系统和方便的馆际互借。

三、信息资源建设的基本理论与建设原则

(一)信息资源建设的基本理论

1.系统论在信息资源建设的应用

系统论是研究系统的一般模式、结构和规则的学问,研究各种系统的共同特征,用数学方法定量说明其功能,寻求确立原理的知识,适用于所有系统的原理和数学模型,这是具有逻辑和数学性质的科学。

系统论的核心思想是系统的整体概念。无论哪个系统都是有机的整体,系统的要素也不是孤立的,每个要素都在一定的位置,在系统中发挥着特定的作用。要素之间的关系构成了不可分割的整体,要素是整体的要素,要素从系统整体分离后,现代系统论认为客观世界中的所有物质都存在于一个特定的系统中。数字信息环境下的系统论对图书馆信息资源的建设起了很大的作用。事实上,图书馆信息资源的建设是在封闭的循环系统中进行的,包括信息收集系统、信息处理系统、订单信息接收和反馈系统、信息资源利用和信息反馈系统等子系统,可以有效处理各系统之间的关系,推进信息资源的建设发展。

2.控制论在信息资源建设的应用

实际上,管理系统是典型的控制系统。管理系统中的控制过程与工程和生物系统中的控制过程基本相同,通过信息反馈明确效果和标准偏差,采取纠正措施使系统稳定到规定的目标状态。因此,理论上也适用于工程和生物控制论的理论和方法。

从控制论的本质出发,控制过程是信息流的过程,系统的有效运行是通过信息的传递、转换、处理和加工实现的。因此,控制的基础是信息,控制着所有信息的传达。任何控制都可以通过信息反馈实现。信息反馈是控制论中非常重要的概念。信息反馈是控制系统发送信息、反馈操作结果、影响信息的重新输出、起到约束作用、实现预期目的。

随着现代信息资源的急剧发展和数量的巨大,出现了信息流入的现象。信息流是指以科学文献为主要媒介,在人类社会生活的各个领域传播各种信息,知识和信息的增长速度、传播范围、与社会生活接触的深度参与普及的人数较少。

3. 经济理论在信息资源建设中的运用

信息是重要的经济资源,信息资源的建设必须遵循基础经济学的法则,能够以有限的信息成本尽可能地获得更多的信息。信息成本是对信息资源建设的投资,信息回报是指信息投资的产生或效果。我国信息资源建设投资也在逐渐增长,但无论增加多少,都赶不上信息资源的快速增长和价格的上涨。

4. 信息管理理论在信息资源建设的运用

(1)布拉德福定律对信息资源建设的指导作用

随着现代科学的不断分化和全面发展,学科之间的严格限制逐渐消失,学科之间的关系逐渐加强,文献分布的集中性和不均匀性吸引了人们。

根据布拉德福德的法则,各学科和专业的文献分布在科学杂志群中,通常集中在少数专业杂志上。与很多相关专业杂志相邻的专业杂志非常分散,学科核心领域的期刊也很少。但是,该学科文献记录率高,信息量多,与学科有密切关系,反映了很多学科的前沿问题,具有很高的学术价值,相关领域的期刊种类多,该学科的记录率中等,信息量少,与该学科的关系密切具有很高的学术价值。非专业相邻区期刊,种类多,学科载文率低,信息量也少,和学科之间的关系相差很远。也就是说,核心刊物出版率高,质量高,读者利用率高,引文指数高,是学术信息的重要来源。

布拉德福德定律的理论自诞生以来受到图书情报界的重视,具有一定的普及和实用的应用价值。特别是对图书馆信息资源的建设有着很强的指导作用。该定律不仅普遍,而且科学技术期刊的论文分布是集中和离散的,科技图书的分布也是集中和离散的,学术著作的出版也具有集中性和离散性,图书馆积极采用布拉德福理论,确定各学科核心期刊和学术图书核心出版社,掌握专业图书的基本分布规则,了解各学科"核心出版社"的资源配置,各种信息资源潮涌。正确收集读者利用率最高的信息资源很重要,以引导读者阅读为中心,制定信息资源建设政策,优化馆藏。

(2)文献老化理论和信息资源建设

文学的退化是普遍存在的现实问题,探索文学退化的规律,寻找正确说明文学退化的方法和指标,具有重要的理论和现实意义。许多科学家和图书馆的学者已经开始大量的研究,以前的文献主要有分解率,即半衰期和普赖斯指数这两种方法。

因此,文献的老化是一个非常复杂的问题,不仅这些文献所属学科的性质受到文献的成长、时代特征、人类的需要、社会环境和信息的需要等因素的影响,尤其是受文献的种类和性质的影响,它们比较成熟。稳定的学科文献有比内容和技术变化大的学科长的半衰期,长期存在的学科文献的半衰期比新兴学科文献的半衰期长。一个学科的各种文献的老化率不同,科技图书的半衰期较短,理论期刊比一般理论期刊长,理论期刊比传播和报道期刊长。

普赖斯指数与文学的半衰期有关,是衡量文学劣化的指标。这些指标虽然是从文学的使用开始的,但却以各种各样的形式反映了文学的老化。文学的半衰期只能粗略地测量某学科领域的文学的总体老化,谱赖斯指数也可以用来测量某个主题领域中所有文档的老化状态,并且可以用来测量期刊出版物、组织、作者和文档的老化状态。

同时,由于相互制约,半衰期和普赖斯指数不能充分考虑多因素的影响,研究文献的老化理论,探索和掌握文献的老化规律对信息资源的建设具有重要意义和作用。有利于制定信息资源获取原则,建立科学合理的图书馆信息资源体系。因此,与计算机科学、经济学、通俗图书等半衰期短的学科相比,图书馆最好利用现有时间短的馆藏方式来配置这些信息资源。日常图书订购采访模式实际上是一种期货订购模式。另外,图书馆的编辑、处理、收集至少需要半个月。因此,半衰期短的学科信息资源以最快速度配置,同时充分发挥时效性,及时与读者见面。满足读者对最新知识、最新技术、最新热点问题的渴求。在制定各种文献购买政策时,不同学科的图书应根据不同的需求有不同的配置原则,对于半衰期较短的学科,数量较少,种类更多,相对于半衰期较长的学科,品种较少,出版的书籍更多。同时,加强半衰期短学科信息资源报告和学科决策服务,尽快为读者提供服务。根据文献老化数据,明确文献资源开发框架的使用年限,合理控制各学科信息资源的流通时间及时准确地向读者传达有益的信息。

(二)信息资源建设的原则

信息资源建设的原则是信息资源建设的客观规律的反映,是信息资源建设实践的科学总结。信息资源建设的实践是随着信息环境的变化和信息技术的发展而发展的,受到社会经济、科学技术、教育、文化发展的影响。信息资源的建设应遵循实用性、系统性、特色性、协调发展、共同建设和共享的原则。

1.实用性原则

实用性原则从图书馆实际使用的需要出发,计划、选择、整理和组织图书馆的信息资源,最大限度地满足读者和用户的信息需求。实用性原则的首要任务是图书馆根据图书馆的需要进行信息资源的建设。因此,他们系统地收集和保存各部门的宝贵信息资源。中小公共图书馆的主要任务是为本地经济和文化发展服务,重点收集科研信息资源,使生产经营适应当地经济和社会发展,高中图书馆的主要任务是学校教育和科学研究,大学图书馆系统是收集相关专业教材和教育参考书,重点收藏大学信息资源。科学图书馆的主要任务是为科研服务,紧密联系系统和组织的研究方向和研究课题的必要性,系统收集国内外学科信息资源,重点关注相关学科信息资源,选择性地收集学科信息资源。

实用性原则是图书馆应根据读者和用户的实际需求建设信息资源。读者或用户是图书馆的服务对象。通过执行服务任务并向读者或用户提供各种信息资源来实现。专家型(研究型)读者和用户喜欢电子信息资源,尤其是网络信息资源。大众型(学习型)读者和用户喜欢纸质信息资源。年轻读者、电子信息资源的用户和老年人更喜欢信息资源。因此,图书馆信息资源的建设从读者的实际需求出发,了解各种读者和用户群体的规模,掌握各种信息资源的收藏比例。

图书馆必须根据信息资源的实际发布和分布情况来配置信息资源。在数字信息环境下,信息资源的数量和种类急速增加。图书馆内要有什么样的出版信息资源,要从各种信息资源中选择读者和用户最需要的信息资源,进行多次统计。同时,要注意出版物的各种信息资源,在资源配置上可以选择更多更好的出版物。

也就是说,图书馆根据自身的服务任务、读者和用户的实际需求以及信息资源的实际发展情况,配置信息资源,把传统图书馆看作书,改变了以"收集"为中心的文献资源建设观念,发展为以"用"为工作重心的信息资源建设理念。信息资源建设的一切都要从读者的实际需求出发,建立实用的信息资源体系。

2.系统性原则

系统性原则应该注意图书馆在信息资源建设中信息资源系统的要素和信息资源系统和环境的关系。

首先,科学知识是系统。从时间上看,任何一种科学知识从古至今一直继承、积累和纵向发展,产生了大量的各种类知识,各学科的发展也越来越完善。在空间上,从中到外,各种知识相互渗透、交叉,出现大量边缘学科、交叉学科。学科之间的关系越来越密切。这表明科学知识的内容是系统的,生产也是连续的。各种专业文献的出版有着大致与计划一致的特征。

第二,读者对科学知识的需求是系统,信息资源利用的主体是由年龄结构、文化结构和知识结构构成的读者群体系统。从表面上看,他们对信息资源的需求和利用因分类、类型、时间和水平、广度和深度而混乱。虽然无法预测,但实际上信息资源的需求和利用是专业的、系统的,特别是从事系统学习和系统研究的读者群体显示了一系列的阅读需求和专业检索需求。为了满足不同读者的系统需求,在信息资源的建设过程中,总是合理地保持各类型和运营商的比例,系统收集、组织决定综合企划信息资源的系统化和读者的系统化。

图书馆应该根据主要的服务任务和读者需要,将重点放在学科、专业或主题范围内的文献收集上。从纵向系统来看,这些重点藏书在内容上保持着学科内部历史的连续性和完整性,反映了学科发展变化的特点和规律。从横向系统上看,要广泛收集这些学科各学派有代表性的专业书籍、相关评论、重要期刊、主要关联期刊和其他文献。另外,图书馆还收集珍贵的书籍和杂志。对于特别的书籍,必须保持这些历史的连续性和稳定性。

另外,图书馆的服务任务和直接相关的多卷书、丛书、连续出版物和重要参考书,要完整无缺。现在这些文献几乎都是数字化的,通过互联网传送。根据实际使用的必要条件和可能条件,确定这些文件中哪个应该以印刷形式购买,哪些应该买电子版,换言之,这些文件合并后相互关联,形成相互依存的系统。

最后,注意各学科之间的相互渗透、边缘交叉的内在关系,广泛、选择性地收集相关学科、边缘学科和一般读者的学习和基础图书。这些书籍和刊物学科范围广、读者范围广、数量多,图书馆根据需要选择、收藏最重要、最有价值的部分,形成重点、层次性的藏书资源体系。

3.特色化原则

信息资源特色化是图书馆信息资源的独特风格,反映了图书馆资源的生命力。社会信息资源作为整体,每个图书馆的信息资源是这个整体的一部分。我国的信息资源有自己的特点,可以更好地共享更广泛的信息资源。除共同任务外,各种图书馆还负责各种特殊服务,图书馆里有特定的读者群。因此,图书馆应根据图书馆的性质、任务和读者的需要,为满足特定读者的需要、地方特色和文献类型的特点,确立专门的服务任务和信息资源体系。

学科特色化对于科学图书馆和高中图书馆来说非常重要。科学图书馆围绕各自的服务研究领域和任务形成学科特色资源,大学图书馆根据学校的专业设置,特别是形成重点学科的专业性、专业特色资源,公共图书馆还根据当地生产和科研的重要领域确定其资源学科的特点。

专题特色,即特定主题(事物、问题、人物等)比较完整,系统地收集相关文献,形成特定主题的文献特征。有些图书馆建立了服装文献馆、陶瓷文献馆、旅游文献馆进行文献特藏,有些建立了台湾问题研究文献馆的图书馆、东南亚文献馆,有些图书馆也开始建立名人文献馆。这个主题的特征是具有收藏特色的重要内容。

地方特色,即收集该地区的地理、历史、经济和文化特征、全面、系统地相关地方文献,形成特色。地方文献以地方特色为主,是指与该地域的经济、历史、文化、科学等相关的文献。自古以来,地方文献就记录了这个地区的历史变化和经济特征,自然环境和风俗习惯为研究这个地区的历史和现状提供了第一份资料。因此,藏书的地方特色对于地方公共图书馆的经济、科学、文化的发展具有非常重要的意义。

文献类型特色,即图书馆的任务和历史特征以及馆藏协调机构的规划和配置,全面系统地收集了多种文献,形成了特色。例如,标准文献的收集、一部分图书馆的专利文献、缩图资料和视听资料。许多视听资料,例如一些艺术学院的图书馆、国家图书馆和省级公共图书馆,都是非常重要的藏品。除了对资源种类的要求以外,信息资源的数量也是必要的。信息资源特色的形成,是图书馆对资源长期积累的结果,因此,一定的信息资源数量是保证馆藏资源特色的基础,数量太少,特色就很难形成。这就要求图书馆对已经确定为馆藏资源特色的信息资源要尽可能完整、系统地收集,在经费上优先分配,使这些种类的文献在数量上得以保证。此外,还要看其是否达到完备程度。

信息资源特色化原则不仅要求信息资源的数量,还要求信息资源的质量。信息资源的数量是形成特征的要素,但绝不是自然的特征,资源的数量必须以资源的质量为基础,数量必须控制质量,图书馆收集的信息资源应该具有一定内容的深度,可以用以反映学科发展的最新趋势和发展水平。这对科学专业图书馆来说是毫无疑问的。对于大学和大学图书馆来说,省级公共图书馆担负着为群众提供科学文化服务的任务,以确保馆藏特色。因此,省级公共图书馆不仅收藏普及科学文化服务的图书杂志,图书馆的特点也要求图书馆以合理的比例收藏有特色的信息资源。如果达到了新书率的标准,就可以向图书馆提供最新的信息和最先进的知识,使信息资源的特点能够经受时间的考验。如果没有新的信息资源,及时补充更新,原有的特征就会消失。

重点藏书是图书馆信息资源的精华。图书馆的信息资源特征主要表现在重要的藏书上。因此,图书馆要具备各学科的信息资源。此外,收集资源要系统地收集,注意历史的连贯性。还应保持稳定,保证各种图书购置资金的合理比例,调整其局部变化。

核心期刊具有信息密度高、内容质量高、论文寿命长、引用率、摘要率高的特点。它们反映了一个学科和专业领域的学术水平和发展趋势。图书馆应根据实际情况和读者的需要,结合定期刊物的质量(可靠性、权威性、实用性等)慎重确定。专业杂志核心期刊确定后,各方面都要保证期刊的完善、秩序和长期保存。

另外,特色数据库的建设也很重要,但是必须认真推进。对于其他图书馆来说,处理同样的资源链接到互联网是没有意义的。过去,作为独立存在,图书馆所拥有的资源之间如果有一定程度的重复,图书馆就可以在互联网上发挥网络节点的作用。如果数据库资源被网络上其他机构的数据库源覆盖,只有图书馆拥有的信息资源就有自己的特点,图书馆在网络上获得的资源确实丰富而有价值。

4.协调发展原则

在数字信息环境中,信息资源的数量不仅急剧增加,而且变化很大。

因此,图书馆应根据图书馆的实际情况和读者、用户的需求特征,配置调整、开发资源,充分满足读者、用户的各种信息需求。图书馆首先要注意各学科信息资源的协调发展,各学科信息资源的协调发展在充分考虑学科自身特点的基础上,确保重点学科和特色学科信息资源的可持续发展。读者和用户对外语信息资源有不同的需求,中文信息资源一直是中文读者和用户使用的主要信息资源。在信息资源建设的语言中,读者和用户也必须注意各学科的信息资源的实际需求,注意各运营商的信息资源的协调发展。对电子信息资源的需求越来越高了。其中最需要中文的全文电子杂志,用户的需求也在增加。不仅需要图书数据库和电子期刊数据库,还需要电子图书数据库、特定的主题数据库、各种教育视频数据库等,电子资源是根据各种用户的实际需求而配置的。另一方面,要注意纸张信息资源和电子信息资源的配置比,促进各种信息资源的协调发展。

5.共建共享原则

共同建设的原则是建立区域、系统、一个国家乃至全世界图书馆之间广泛的相互合作、科学计划、分工合作、共同利用、相互依存的信息资源共同保障系统。信息资源需要更有效地共享,信息技术的发展和网络环境的形成也为信息资源的共享提供了强大的技术支持。大量的信息存储系统,高速低成本的传输手段,在联机目录中,各种电子检索工具创造了对信息资源共享有利的条件。因此,图书馆从整体目标出发,统一安排信息资源建设、科学规划、合理布局,围绕本馆建设特色专业信息资源体系,通过分工合作、共同收集、优势互补,构建更完整的信息资源联合保障体系。另外,建立基于现代信息技术的相互参照文献传输体系,实现各图书馆资源的相互利用,实现广泛的信息资源的共享。

在数字信息资源环境下,信息资源建设的五大原则是相互联系、不可分割的统一体,其中实践原则是基本原则,系统性原则、特色化原则和协调发展原则是实用性原则的前提和保证,共建共享原则是实用性、领导系统性和持续性的原则。信息资源的建设从微观领域到宏观领域的特征和协调发展,在丰富这些原则内涵的同时,信息资源的建设被视为现实社会事业,在促进社会发展和进步方面发挥着重要作用。

四、图书馆信息资源的采集

(一)信息资源采集的原则

信息资源的收集是指根据信息用户的需要来检索、选择、收集、汇总相关信息的过程。信息的需求因用户而异,收集信息资源的方法也多种多样,收集信息资源需要以下共同原则。

1.目的性原则

目的性原则也是有"针对性"的原则。信息数据庞大,内容复杂。因此,收集信息资源需要有明确的目的。在收集信息资源的过程中,该计划具有目的性,重点选择性地利用信息服务组织的特征、服务对象及收集范围。组织适合主要用户组的信息,按阶段收集信息,建立有效的指向信息来满足用户的需要是非常有价值的,要有的放矢,以最低价格最大限度地满足信息需求。

2.主动性原则

信息采集的主动性是积极主动收集能够反映事物最新状态的信息。信息资源采集人员在充分了解用户的实际信息需求的基础上,熟悉信息资源的采集渠道和途径,运用先进的信息资源采集技术和方法,构建系统完善的信息资源采集网络,根据需要积极地发现最新的信息并有机制地获取。

3.连续性原则

从信息资源收集的初期阶段开始,就需要不断补充新信息。这个补充不仅收集过去的信息,还收集现在的信息,尽可能收集反映将来动向的信息,维持信息资源的整合。信息资源,特别是网络信息资源的更新速度快,时效性强,在信息传输和附加价值过程中可能发生新状况,需要删除或整理旧信息和老化的信息。因此,信息资源的收集可以说是持续性的工作。

4.经济性原则

信息资源的收集是消耗人力、物力、财力的工作,为了提高信息资源的收集效率,必须注意经济性和信息的一致性原则。

首先,为了避免信息资源的重复收集,特别是考虑到大量电子信息资源的内容相同,仅在载体和形式不同的情况下,可以选择适当的信息源和信息资源的收集方法和技术。

其次,充分考虑信息服务机构的实际经济水平,避免盲目收集资源、浪费资金,在追求信息真实性的基础上处理社会经济效益、整体利益和地方利益的关系。

5.计划性原则

在收集信息时,不仅要满足当前的需要,还要考虑信息源未来的发展和持续性。根据信息收集机构的任务和经费,制订更详细的信息收集计划和规章制度,详细列出信息收集的目的和范围、方法、人员配置、时间限制、资金和来源。

6.科学性原则

在信息收集过程中,经常采用科学方法研究信息资源的分布规则,选择信息密度高、信息量大的信息源。图书馆利用布拉德福等文献的测定方法,以一定数量的有学术价值的网站作为信息源,可以收集信息资源。

7.可靠性原则

可靠性原则是信息资源的收集者在收集信息资源时,根据用户的需要,以收集真实可靠的信息为基准,坚持调查研究,收集真实可靠的信息,通过比较和鉴定获得可靠的正确信息。不要把每个人看作普通人,把地方看作大局,实事求是,抓住本质。

8.系统性原则

系统参考时间的连续性和空间范围,尽量全面收集机器所需的信息,关注重要的需求信息的连续性和完整性,用户需求的系统性决定信息资源的收集系统性,信息资源的使用对象是年龄结构组成的用户群系统。资源的需求和使用在类别和类型、时间和水平、范围和深度方面都是具有专业性和系统性。为了满足各种用户的系统需求,信息资源的收集需要综合收集多方面的信息,随时保持各种信息的合理比例,制定整体计划。

(二)信息资源采集的方法

信息资源的收集方法是基于信息收集计划开发信息源并及时获取信息的基本方法。一般来说,有很多收集信息的方法。进一步细分后,通常基于以下基准。

1. 按信息载体形式划分

可以根据信息载体的形式进一步细分。

第一,文件研究法。文件研究法是从各种文件中寻找必要的信息资源的方法。

第二,报刊摘录法。报刊摘录法是通过报纸获得必要信息资源的方法。

第三,广播收听法。广播收听法是通过收听广播获得必要的信息资源的方法。

第四,电视收看法。电视收看法是通过看电视获得必要的信息源的方法。

第五,电信接收法。电信接收法是通过电话或电报获取所需的信息资源的方法。

第六,电脑展示法。电脑展示法是通过计算机取得必要的信息资源的方法。

第七,直接交谈法。直接交谈法是通过两人以上的见面对话获得必要的信息资源的方法。

第八,信件询问法。信件询问法是通过消息获取所需信息资源的方法。

2. 按信息采集方式划分

可以按照信息收集的方式进一步细分。

第一,定向采集法。在计划范围内,尽可能全面、系统地收集一个学科、一个国家和一个国家的具体信息的方法叫作定向采集法。

第二,定题采集法。根据用户指定的范围和要求,收集正确信息的方法是定题采集法,让用户及时掌握相关信息,具有较强的对应性。但是,它是被动的,而且题目具体,涉及面深,专业性强,难度大,经常用于科学研究活动。

第三,现场采集法。通过展览会、展览会、订货交易会、科技成果展示会、交易会、现场会议、参观等收集信息。

第四,社交采集法。社交采集的方式多种多样,参加各种会议、旅行、舞会、晚会、探亲、娱乐、在线交流等。通过大部分的社交活动得到的信息都是最新的,没有其他方法。

第五,间谍采集法。间谍采集法是利用间谍盗取所需信息资源的方法。现在,这种方法广泛用于信息资源的收集。

第六,主动采集法。主动采集法是指基于特定收集器的需求或预期获取信息的方法,具有主观能动性,可在用户请求之前启动收集过程。

第七,定点采集法,定点采集法聘请专业信息收集人员定点采集相关信息资源,具有综合效果、节约成本。

第八,委托采集法。因为时间和精力有限,不熟悉信息源的情况下,可以向信息机关和信息负责人支付一定的费用。这个方法需要花费很多费用。

第九,跟踪采集法。跟踪采集法是指根据需要临时动态地监视和跟踪信息资源(关于主体、产品或组织的信息)。通过这种方法收集到的信息有助于持续、及时地把握感兴趣的事件或问题的发生过程,并追踪对象的深入研究。

第十,积累采集法。阅读书报时,应随时使用卡片、剪报、积累书籍和其他信息。随着时间的推移,这些零散的信息将成为系统信息的财富。

3.按信息采集的渠道划分

根据信息收集路径,还可以分为以下两种采集方法。

第一种是单向采集方式,需要具体的用户。收集相关信息资源的路径只有一个。

第二种是多向采集法。多向采集法是特殊用户通过多个渠道收集相关新信息资源的特殊要求。这个采集方法虽然成功率很高,但是很容易重复。

(三)信息资源采集的程序

图书馆信息资源的收集包括五个基本步骤。需求分析、信息源的评价和选择、信息资源采集战略的决定、信息资源采集的实施、采集效果的评价和解释。

1.需求分析

信息的需求是信息资源收集的驱动力,在收集信息资源的过程中,目标用户知道自己需要什么样的信息。

第一,目标用户的确定。目标因用户而异,因此通常收集的内容不一样。在进行收集活动之前,需要明确目标用户及其使用信息的目的。

第二,决定信息收集的范围。在理解了收集目标和要求的基础上,信息的内容应该更加明确。这取决于信息的特征、收集对象和信息资源的需求之间的关系。

第三,确定收集范围,收集范围包括信息收集的时间范围和信息收集的空间范围。时间范围表示信息的适时性,指定信息的生成时间和信息资源的取得目标和请求时间的关系,确定所需的信息收集时间的宽度。空间范围表示信息的空间分布特征,是指信息的生成场所与信息资源的收集目标与必要空间的关系。

第四,确定收集数量。收集的人力、时间、成本取决于收集的信息量,因此在这个阶段必须指定信息资源的收集数量。

第五,其他因素。除上述之外,分析阶段还需要信息环境、获取信息的可能性、信息表达的理解性等。

2.信息源的评价与选择

信息源是信息的来源,根据区分基准,信息源有不同的种类。例如图书信息源、期刊信息源、特种文献信息源和非文献信息源等。视听信息源等通过运营商来区分。二级信息源和三级信息源根据信息源的处理阶段和处理方式被分离,官方信息源和非官方信息源根据信息源的组织形式被分类,内部信息源和外部信息源根据信息源的范围被区分,公共信息源和秘密信息源根据信息源的机密性来区分。另外,也有其他信息源的形式和目的、信息源和时间的关系等的区别基准。

为了有效地选择和利用信息源,需要评估各种信息源的性能和质量。信息源评估的标准主要是从信息源本身提供的信息价值和信息收集的观点。有以下八个指标。

第一,信息量。信息量包括两个方面。一个是包含在信息源中的信息量,例如信息源的容量、信息记录的数量等。另一个是信息源是对于由其他信息源提供的用户有用的信息量。

第二,可靠性。信息源可靠性标准是评估信息源的一个标准。可靠性不仅考虑信息源本身,还考虑所提供的信息的内容,指标主要包括信息源的公开性和合法性、信息源的权威、信息内容的负责人、信息源的相关(介绍、引用等)、确认信息内容的真实性和可靠性、信息内容是否真实有效地传达等。

第三,新颖性。新颖性是指信息源是否包含新的思想、新理论、新技术、新假设、新设计、新过程等新的内容,信息源是否能够随时更新是保证其新颖性的主要措施。

第四,适时性。适时性是指必须尽可能短的时间报告信息并传达,即根据从信息的生成到接收的时间差来测定信息的适时性。

第五,系统性。系统性是信息源收集的信息系统是否完善,是否持续发表,信息是否能通过积累来反映一定时期内的事物发展。

第六,综合性。综合性包括信息源中包含的信息的广度和深度,信息的主题范围是否集中在更广的领域,是否包含相关主题、多语言、多版本信息、处理水平等。

第七,易获取性。易获取性是指用户是否获得向信息源提供的信息、技术请求、阅览装置的使用请求访问权限的使用请求以及信息源的信息是否能够稳定地获得。

第八,经济性。经济性主要是指发现、提取、传输、使用信息来源之前的经济消费。计量信息的经济性主要反映在其最小消费、最小损失以及最早的信息取得上,取得的信息是否满足用户的需求,即查准率、查全率、用户满意度指数。

3.信息资源采集策略的确定

不同信息资源的收集需求和信息源需要采取不同信息资源的收集策略,具体地确定信息资源的收集路径、方法和技术。根据信息资源的收集者和信息源的关系,将信息资源的收集渠道分为直接渠道和间接渠道。直接采集是从信息源直接获取信息,间接采集是利用收集工具间接获取信息,利用检索引擎技术。

制定信息资源收集计划主要包括信息资源收集人员的分工、收集费用、审查规定、时间安排、收集工具的选择、收集方法、收集频率等,为信息资源收集计划创建空间,调整信息资源收集战略,适应收集结果的变化,提高收集效率。

4.信息资源采集的实施

信息资源收集计划制定后,采用科学方法,围绕计划,根据规定的内容,在一定范围内广泛收集信息,发现收集过程中发生的意外新情况、新问题,分析原因、跟踪收集过程、调整计划得到有新价值的信息。

5.信息资源采集效果评价与解释

在信息资源的收集实施后,对收集到的信息集进行适当的评价和解释。如果用户对信息资源收集效果的评估不满意,则根据相关反馈进行调整,并且调节能力可以与信息资源收集过程的每个阶段相关联

五、图书馆信息资源的整体布局

(一)信息资源整体布局的基本原则

和其他资源一样,图书馆信息资源也有合理配置和合理布局的问题。信息资源的布局是指时间、空间和数量的有效构成,时间配置是指过去的信息资源、当前的时态和将来的时态的配置,信息资源的价值在时间中具

有高度的灵活性,信息资源的空间配置是不同部门和地区间的分布,即指不同使用方向的分配。信息资源的分配包括现有信息资源的分配和持续生成的信息资源的分配。

1.适应国情原则

信息资源的整体配置必须与我国的基本国情相适应,这是最基本的原则。只有立足国情,为信息资源的全面配置奠定坚实可靠的基础,科学才能实行。

第一,作为发展中国家,我国信息资源的总体布局需要与科学教育文化和国民经济的发展水平同步发展,需要具备超前性。换言之,我们必须领先于教育、科学、文化。当然,不能超越经济发展的速度和规模,盲目追求高速、大规模的发展。

第二,从长远来看,我国应围绕地区发展,重点建立区域信息资源保障体系,将各学科、各系统的信息资源配置纳入国家或地区信息资源配置,加强区域信息资源合作。

第三,我国在信息资源的整体构成中,基于地域差异和地域文学的需要梯度理论,一部分信息吸收能力强的先进地区和部门首先获得了大量海外最新信息资料。通过吸收转化,可以将先进的科学技术转移到相对较低的地区。只有从实际需要出发,才能促进信息资源整体的发展。

2.协调共享原则

信息资源保障系统是具有一定程度的相互联系的整体。构成系统信息资源保障系统的图书馆的类型、性质、任务各不相同。我国在信息资源的整体配置上采取区域协调和系统协调。地域(区域)间的协调是指各系统参加的横向协调活动。一个地区的图书信息机构在区域综合协调组织的领导下,根据地区发展的实际需要,计划合理布局,建立区域信息资源保障系统。系统协调是指图书馆之间信息资源的协调和建设。信息机构在同一系统中运行,在系统中与上下组织建立业务协调关系,统一分配,建立协调。区域协调和系统协调是我国信息资源整体配置的两个基本形式,根据需要进行开发,以求在信息资源整体配置中获得良好的效果。

3.需求导向性原则

信息资源整体配置的最终目标是实现资源共享,最大限度地满足社会全体成员对信息资源的需求。因此,基于信息资源的整体构成的重要原则,将需求导向方向。

信息资源的整体构成必须把握最有效的领域。不同地区、不同系统、不同层次的发展需要从最迫切的信息需求和最有效的信息服务内容出发,统一规划、调整发展,充分利用新技术的发展,培育新的需求信息资源的总体配置可以满足社会信息需求,信息需求规律需要满足不同文献保障层次的信息需求。

4.效益原则

效益原则要求在信息资源的总体配置中充分考虑经济效益和社会效益。经济效益主要反映在文献资源的完整性、信息资源的利用率和单位信息的利用和消费上。在投资相对稳定的条件下,提高文献资源的收集完整性,充分利用这些资源,最大限度地满足用户的信息需求通过合理的计划和协调减少重复建设。满足区域分布合理性,便于文献利用。社会利益是指建立信息资源优化总体布局,实现信息资源共享,充分利用信息资源,影响社会发展和进步。

也就是说,重视经济效益和社会效益是优化信息资源整体配置的重要原则。

(二)信息资源整体布局的作用

信息资源的整体配置是信息资源共享的重要前提,也是提高信息资源保障能力的有效措施。在金桥、金关、金卡等一系列重大信息项目取得重大进展的前提下,作为社会资源体系重要组成部分的信息资源建设和配置直接关系到国家信息化的发展程度。在这种情况下,需要实现整个信息资源的配置。

信息资源的整体构成功能主要表现在以下几个方面。

第一,要有效利用、调整地区信息资源,更好地服务于中国现代化信息建设。

第二,促进信息资源的共享。

第三,加强信息机构与图书信息系统的联系与合作,形成多层次、多功能的信息资源体系。

第四,减少重复建设,提高信息资源建设的经济效益。

信息资源整体配置的理论研究和实践对我国具有深远的战略和现实意义。

(三)我国信息资源整体布局的模式

经过很多学者的研究,将信息资源的整体配置模式总结成了三个理论模型。集中控制、分散控制、等级控制。

1.集中控制型模式

集中控制模式设立绝对权威的信息资源管理机构,对各种图书信息机关进行协调和指导,该模式的关键在于建立集中决策机制,充分发挥系统整体的功能。

2.分散控制型模式

分散控制型模式是指多个分散的图书馆和信息服务机构共同承担信息资源的建设任务,这个模式的核心是充分调动图书情报机关的积极性从整体利益中正确处理地方利益和整体利益的关系。

3.等级控制型模式

等级控制型模式分阶段构建信息资源保障体系,通过系统间的协调与合作优化信息资源结构,形成相互依存、共同发展的共享体系。该模式的重点是建立系统间的相互作用联动机制,重视图书信息机关的作用共享和协调,充分发挥信息资源的整体功能。

等级控制型模式建立了系统问题的隶属关系,有利于信息资源建设的协调和控制,扩大了信息资源的利用范围,我国提出了信息资源整体配置的三级保障体系。也就是说,一级是建立国家信息资源保障体系,二级是建立地区信息资源保障体系,负责区域信息资源的协调与合作任务。第三,建立省、市、自治区的各种图书信息机构信息资源保障系统,通过信息资源的组织和配置,最大限度地满足用户的信息需求。

第二节　图书馆馆藏资源评价

作为图书馆建设和服务的核心,图书馆资源的内在价值和利用直接关系到图书馆资源的利用效率和用户的服务效果。随着数字时代馆藏数量的迅速增加和结构的复杂化,信息服务机构必须把握自己的物理资源和虚拟馆藏的真实性,这些资源和虚拟馆藏可以在合作服务机构和图书馆之间共享。基于此,图书馆收藏评价研究对图书馆的资源建设和用户服务具有普遍的价值。

一、馆藏评价指标体系与评估框架研究

图书馆收藏评价指标体系是图书馆资源评估,尤其是数字资源评估的基础,可以为具体的评价方法和实践活动提供方向性指导。

与国外相比,国内馆藏评价的宏观研究主要参考国外的研究成果,构建数字馆藏评价指标体系,根据现在的复合图书馆的特征,构建了数字馆藏资源评价指标体系,提出了收藏评价的框架。包括取得所藏政策、资金分配政策、馆藏发展纲要、馆藏管理政策、馆藏保存政策、馆藏评价政策、与合作馆藏共享政策。

二、馆藏评价的方法、工具及其应用

除了研究宏观的馆藏评价体系的框架和指标外,还向国内的学者提出了各种各样的评价方法和支援工具,指导图书馆的实际评价活动。评价方法有以集合为中心的评价方法和以用户为中心的评价方法。近年来,这两种方法在理论上取得了一定的进展,对各种图书馆评价项目的实践也有一定的参考价值。

(一)以馆藏为中心的评价方法、工具及其应用

集中评价方法主要集中在资源对象的规模、广度、深度和成长率等方面。到目前为止,采用了传统的收集大纲和发展、集合说明、成本效益分析等方法。近年来,对资源对象进行了评价,系列系统和光谱等自动收集

和评价工具非常受欢迎。

在馆藏评价方法上，人们讨论了在数字环境中传统的收藏评价方法的不足之处，并对以收藏纲要为首的传统的馆藏评价方法进行了改善和优化。改进馆藏的描述方式，并将解释性数据与大学/科学图书馆联盟标准进行了比较。评估过程考虑了出版物的年龄、国家、出版商和其他信息。

关于馆藏评价的自动化工具，海外的数据库经营者根据自己的数字资源提供了馆藏评价工具和服务，其独特的功能大大降低了图书馆收藏评价的劳动强度。OCLC 发布的交互式馆藏分析系统 ICAS 和馆藏分析服务 WCA。图书馆员使用 world Cat 的数据从规模、覆盖范围、出版年、语言种类、格式和用户等方面进行收集和评价。通过图书馆之间的分析，可以确认馆藏的重复性和唯一性。WCA 的评价过程是自动化的，图书馆员可以用较少的学科知识简单地实施。然后可以避免手动创建分类系统时发生的各种问题。USAS 分析系统是 Ulrich 数字出版社的期刊资源评价工具。USAS 是对图书馆的识别、分析、印刷版和数字期刊资源进行评估的详细信息评估报告。结合图书馆期刊评估所需的各种内部和外部评价信息和丰富的背景资源，帮助用户识别该期刊的潜在优势和劣势。Spectra Dimension 馆藏评价工具由 Library Dynamics 开发，其致力于通过馆藏题名、数据层次及利用趋势分析图书馆个体及图书馆联盟的馆藏现状与未来需求，并能够帮助用户快速高效地整理大量馆藏书目记录，查看本馆馆藏题名目录并与其他图书馆进行比较，具体评价结果以 End Note、Ref Works 等多种格式输出。Spectra Dimension 不仅包括海量的馆藏题名数据，还包括馆藏发展趋势分析以及图书馆间的资源重复率与服务绩效比较，其分析结果能够反映馆藏预算/决策以及图书馆联盟发展政策的执行效率，从而帮助其洞察未来馆藏建设中的机遇与挑战，促进图书馆与资源服务商在馆藏规划中的协作，追踪与识别馆藏发展政策的多重影响。

与海外馆藏评价方法的研究和自动化工具的开发相比，国内相关的研究倾向于探索评价理论和方法。专家指出，关于评价模型，实际的馆藏评价的评价指标信息有可能在区间数上显示不确定性。基于加权算术平均算子的概念,提出了不确定信息环境下的数字馆藏群体评价模型。在对数字图书馆隐藏的评价指标进行加权时,基于区间直觉模糊信息构建加权平均算子的馆藏评价模型,提出了基于 OPAC 的馆藏评价支持系统的解决方案。

(二)以用户为中心的馆藏评价方法与应用

以用户为中心的馆藏评价方法重视用户所藏资源的利用类型、频度、实现度。此外,定性评价是基于用户满意度调查和馆际流通和相互利用的数据,尤其是基于电子资源的在线利用统计、SCI 和因特网数据库链接分析的定量分析,例如基于 JCR 和 SFX 的文献链接分析,这也是近年来新兴的重要评价方法。

随着数字图书馆的数量和需求的迅速增加,图书馆员需要处理数据库中的大量资源,并跟踪其使用情况。各种电子资源由在线统计工具产生。根据在线电子资源,根据 SUSHI 协议的统计收集和整合平台,Scholaily Stats 和 COUNTER 电子资源的在线利用统计规范,广泛应用于数字博物馆的收集和评价。另外,作为开放 URL 链接分析器,SFX 是收集并评价数字图书馆的新方法。从 SFX 统计报告得到的数据有助于图书馆用户从新的角度读取和使用数字资源。SFX 链路统计包括所有成功和失败的链路接入。SFX 数据可以覆盖多个数据库和用户组,并且可以将文献中使用的数据和未使用的数据汇总到一个统计分组中。

第三节 图书馆信息资源整合

一、信息资源整合概述

信息资源的整合是以宏观意义上的信息组织的"整合"。在数学和物理学中,"整合"这个词首先表示部分和整体的关系。在各种各样的学科中,"整合"的意思不同。信息资源的整合随着社会信息化、互联网和数字信息资源的出现,出现了大量的数据库,各种网络资源检索工具的出现以及数字图书馆的数量正在增加。

(一)信息资源整合的含义

信息资源的整合是信息资源优化的存在状态,作为满足一定条件的前提,整合、总结、重建相对独立有序的信息系统,根据新技术的发展过程和成果进行重构,更好地构建更高效的信息资源系统。

由信息资源聚合形成的信息资源系统可以是逻辑的,也可以是物理的。物理信息资源系统是指在整个信息资源系统中存在中心数据库。各成员信息系统除了有独自的数据库系统外,还与各信息系统共享,逻辑信息资源系统中没有中央数据库,这只是各种信息系统集成的逻辑统一表达。

信息资源综合活动一般在信息资源组织发展到一定程度后进行。信息资源整合是信息资源的横向组织,强调单个信息系统之间的横向连接、信息资源的整合和重构、资源的整体共享。

(二)信息资源整合的必要性

信息资源的聚合通过实现不同的信息系统之间的通信来整理相关信息资源之间的关系,并且便于用户获取高品质的信息资源。综合信息资源系统包含各信息系统信息资源的独立信息系统,具有相同风格的用户检索接口,用户不需要在不同的信息系统之间往返切换,减轻学习的负担,信息资源的整合促进信息资源组织过程中统一意识的形成和信息资源组织规范化过程。

(三)信息资源整合的目的

总结信息资源组织的目的,实现信息环境从局部秩序向整体秩序的转变,包括以下内容。

第一,减少信息资源的混乱。通过信息资源的整合,能够基于现有的信息系统进行信息资源的整合和重构,形成新的、有秩序的信息资源体系,减少信息资源的混乱。

第二,加强信息系统与用户的联系,提高信息资源的利用率。单个独立信息系统之间的差异导致用户信息检索的不便,并且需要基于原始信息组织,并且根据用户的需求和信息系统之间的差异,通过信息路径提高独立信息系统和用户之间的联系率可以提高信息资源的利用率。

第三,节约社会信息活动的总成本。通过整合信息资源,可以节省很多用户,不同的信息系统之间的时间和劳动力的消耗可以提高整个社会的信息活动的效率。

(四)图书馆信息资源整合的背景

随着数字图书馆的出现,图书馆未来的发展方向被推测为复合图书馆,即以"实体博物馆馆藏＋虚拟图书馆藏"的形式,构成了两个不可分割的有机整体。

实体博物馆收藏长期以来是图书馆的主要形式,其组织、技术和方法非常成熟。随着计算机技术和自动化技术的推进,图书馆的信息资源组织已经从手工阶段变成了自动化、现代化阶段。由于图书馆的性质、任务和经费的限制,图书馆的信息资源必须建立在馆际合作的基础上,资源共享方式扩大了信息资源的来源,更好地满足用户的信息需求。

除了馆藏的实体博物馆外,馆藏的虚拟博物馆也是图书馆资源的重要组成部分,这些虚拟资源巨大而丰富。这些数字地记录在网络、计算机磁、光介质和各种通信介质中,用户必须通过计算机网络通信访问。现在图书馆的数字资源主要包括数据库、电子期刊和电子书,数据库是图书馆数字资源的主要组成部分,也有在线数据库,从数据库的内容来看,全文数据库是数据库的发展方向,该数据库逐渐从概念源数据库中分离出来,成为日益独立的电子资源种类。电子期刊有两种类型,一个是印刷期刊的电子版,另一个是严格意义上的电子期刊,也就是说,期刊可以提交和编辑,在网上发表,订购和阅读。图书数据库可以记录每个印刷期刊的图书信息,检索出版信息。可以把各种期刊的论文记录在电子期刊上,检索标题信息。电子图书大多是对已出版的图书进行电子化,电子图书没有统一的格式,要浏览不同形式的电子书,需要下载并安装专用浏览器。另外,这些电子图书馆的阅览浏览器不兼容。电子书籍检索现在已经发售。和电子期刊一样,图书馆的电子书收藏主要是通过购买一段时间的使用权来实现的。

二、信息资源整合的基本原则

信息资源的整合原则应该是领导整个整合过程的基准。遵循信息资源整合原则,主要体现在五个方面。

(一)前瞻性原则

信息资源统合的展望原则是基于面向现在和未来,即信息资源的统合过程。不仅要考虑信息资源机构未来的发展需求,还要从展望的角度来调整现有信息源的结构,还需要更合理的科学技术。有必要最大限度地开发和利用现有的信息资源。

为了提高信息资源的利用率,促进信息资源的开发,满足社会的复杂多样的需求,必须坚持面向未来的原则。

(二)特色化原则

受地区关系和职业关系的影响,信息资源机构收集的信息资源主要是长期积累的特色资源。因此,在整合信息资源的过程中,必须优先发展本单元有特色的信息资源,如地方特色、专业特色、类型特色、文种特色等,注重这些资源的优势和特色。在选择信息资源组合项目时,要明确重点,强调自身优势和特点,鼓励信息资源组合方式、方法和技术手段的创新,形成独具特色的方法和技术。

(三)效益性原则

信息资源的整合重视经济效益和社会效益,追求信息资源的整合,需要以最小投入获得最大产出。信息资源的整合过程也是信息资源附加值的过程,可以带来一定的经济效果。信息资源的整合需要创造良好的社会效果,促进综合意识的形成,提高人的综合素质、信息意识和信息素养。

(四)需求导向原则

信息资源的整合是有目标和目的的。信息资源的需求可以满足信息资源机构的新需求,信息资源的整合是用户调查分析的出发点。信息要求和所有工作都基于用户导向和需求导向的原则。综合信息资源系统妨碍用户有效利用的情况,对于信息资源,信息资源的整合是无意义的,当然需求的方向是积极地培养用户。

(五)安全性原则

信息资源组织在整合信息资源时所需的安全原则如下：

首先,注意信息资源载体的保护。

其次,在不损害所有者利益的前提下,确立所有权意识。

再次,在信息资源的整合中,应保持机密意识,不得泄露国家或单位的相关秘密。

最后,保护用户乃至公众的精神,开发健全的信息产品和服务,避免信息污染和对用户和公众的负面影响。

三、信息资源整合的层次与方式

在信息资源聚合的具体实践中,所有信息资源的聚合不是在同一水平上进行的,而是在多个层级中,根据不同的划分准则,信息资源的聚合具有不同的层级结构。

(一)表现层的信息资源整合

信息资源表示层的整合主要面向信息源。在标准前提下,它为分散现有信息系统的信息源提供逻辑组织和指导。由于信息源和信息源通常被表示为链路,因此,显示层的信息资源聚合被表示为基于逻辑的各种信息系统链路的并行组合,并且形成"信息地图",并且作为信息系统地址阵列和组合的基准。可使用的逻辑指导基准是资源类型、主题、字母顺序等。用户可以在恒定的标准指南下从各种信息资源系统快速定位到目标信息系统,并且可以用作信息资源系统的指南或导航。

这种综合方法主要用于具有网站、网页指南和导航性质,种类非常丰富,具有综合信息系统的指南和导航的功能。实现信息资源表示层集成的技术和方法相对简单。所有信息系统的地址链接都是在同一个网站或网页上创建的,链路可以根据描述信息资源的特定标准来分类。当然,为了方便用户,创建人性化的用户界面,介绍信息系统的内容,对用户进行详细的引导也是非常必要的。链接地址也应及时更新和维护,以保证信息资源的及时性。

元搜索引擎是被称为搜索引擎之上的搜索引擎。这利用信息资源表示层的集成,结合多个检索引擎,形成统一的检索画面。向导数据库也属于同一信息资源显示层。首先,它是集中的,将数据库和其他信息系统分类排列,以主题树的形式指导用户。

从以上信息资源的展示层的整合方案来看,信息资源的展示层的汇集只不过是信息资源的汇集的主要形态。如果聚合目标是正确的,则各个信息系统的地址和其他信息与信息源级别的信息系统控制的内容和搜索级别无关,但是这种存在是合理的。由于代表层级结构的信息资源的收集了多个手动选择的信息系统,所以受到特定用户组的欢迎。在大量的相关信息系统中,不可能找到和选择满足自身信息需求的目的信息系统。当然,在这样的表示层中,信息资源的整合限于信息资源的处理深度,对提供给用户的方向的影响也有限。

(二)应用层的信息资源整合

在信息系统的内容和可用性中,主要实现应用层信息资源的集成,取得满足不同信息系统的用户需求的信息资源元数据和数字对象。需要确立中间访问层,根据应用的需要,中间层的构建方法不同,但基本构建原理相似。

1. Agent 机制

Agent 是一种具有局部决策能力的技术,并且可以实现与最终用户、资源和其他 Agent 的交互。基于 Agent 的方法通常使用三种类型的用户 A－gent、中介 Agent 和资源 Agent。这里,用户 Agent 提供与用户一致的接口,接收从用户输入的检索请求,将其转换为内部语言,并传递给适当的中介代理。仲裁负责与用户代理、信息代理和其他代理的交互,并基于用户的形式和内容选择适当的资源代理 APO。资源代理实现对异构信息系统的检索,将检索结果数据打包,在信息系统之间隐藏信息之间的异构性。

2. 中介方法

中介方法使用被称为中介层的组件,在每个信息系统中提供公共数据模型和搜索接口,并且使用包层来隐藏每个信息系统之间的异构性。

元搜索引擎将每个成员称为应用层的信息资源集成模式。元搜索引擎通过中介层,基本实现原理是在搜索请求到达之后,根据每个成员的搜索形式来转换原始搜索引擎。元搜索引擎使用分配给各成员的搜索引擎,返回各成员的搜索结果,元搜索引擎由原来的搜索引擎对搜索结果进行汇总、选择,进行有序的处理,最终通过统一接口输出给用户。真正的元搜索引擎由三个部分组成。检索请求提交机构、检索接口代理、检索结果显示机构。其中,搜索接口代理机制是调用成员搜索引擎的关键。作为一种代理机制,它必须具有强大的字符和转换能力,以便用户搜索请求被成员搜索引擎识别。

通过整合应用层的信息资源,用户可以在集成接口上在"一站式"上搜索、使用各种异构信息系统的内容,以提高信息资源的利用率。各种信息系统之间只有分散的聚合关系。此外,组合信息资源系统中没有信息系统。各信息系统可以通过"调用"只利用各信息系统的内部资源,在一定程度上限制整个信息资源系统。

(三)元数据层的信息资源整合

元数据层的信息资源整合是从信息资源组织的源整合信息资源,是匹配度最高的集成模式。其基本集成过程实际上与各信息系统所采用的元数据格式一致,或者通过元数据的相互操作和转换,在各信息系统之间存在事实上的一致倾向。因此,将它们集成到相同的信息资源系统是相对容易的。

这里,每个信息系统之间的实际配置意味着整个信息资源系统采用统一的元数据格式。一般来说,各信息系统和内部资源是基于共同的基准预先构建的。信息资源被描述为统一元数据,并且信息系统之间的形式组合主要作用于信息系统,并且不同属性的信息系统之间的转换机制的形式是一致的。

在每个信息系统之间,事实上或形式上实现相同的配置,并且是元数据层信息资源的集成的两个表示形式。该方法大大降低了信息系统之间异性的影响,基本上实现了统一、无缝的高度集成。元数据层的信息资源聚合存在一些问题,即使每个成员具有足够的交互,第一聚合方案也必须求每个成员付出相应的代价。另外,因为成员的水平是相同的,所以会减少有个性的空间。所以,商业运营没有魅力。在第二集成模式中,在数据被自由地相互操作并且不同的元数据格式被相互转换的过程中,给整个信息资源系统的数据存储提供了恒定的压力,从而大大增加了维护成本。

参考文献

[1]朱丹阳.图书馆现代化管理与服务创新研究[M].长春:吉林大学出版社,2022.

[2]张译文.图书馆管理与服务创新研究[M].北京:中国商务出版社,2022.

[3]张伟伟.图书馆管理与服务创新研究[M].哈尔滨:北方文艺出版社,2022.

[4]魏奎巍.图书馆信息化建设与服务创新研究[M].长春:吉林出版集团股份有限公司,2022.

[5]孙建丽.现代图书馆管理与信息技术应用研究[M].沈阳:万卷出版公司,2022.

[6]彭德婧,王艾,阴志芳.信息化背景下图书和档案管理创新研究[M].长春:吉林出版集团股份有限公司,2022.

[7]谷慧宇.图书馆管理的创新方法研究[M].延吉:延边大学出版社,2021.

[8]李蕾,徐莉.图书馆管理策略与阅读服务创新研究[M].长春:吉林人民出版社,2021.

[9]狄冬梅,陈刚,赵明杰.大数据时代图书馆管理的创新与发展[M].长春:东北师范大学出版社,2021.

[10]梁艳玲.图书馆服务与管理创新研究[M].长春:吉林教育出版社,2021.

[11]刘斌,林蓉.大数据时代图书馆信息服务创新与管理研究[M].哈尔滨:哈尔滨出版社,2021.

[12]程静,鲁丹,陈金传.技术视角下高校图书馆创新实践[M].上海:上海社会科学院出版社,2021.

[13]张丽红.现代图书馆建设与创新趋势研究[M].长春:吉林出版集团股份有限公司,2021.

[14]庞余良,董恩娜,温颖.数字化图书馆建设与阅读服务创新[M].长春:吉林人民出版社,2021.

[15]张兆华.新时代图书馆阅读服务途径[M].哈尔滨:黑龙江美术出版社,2021.

[16]宋菲,张新杰,郭松竹.图书馆资源建设管理与阅读服务研究[M].长春:吉林人民出版社,2021.

[17]蓝开强.现代图书馆管理创新实践[M].长春:吉林出版集团股份有限公司,2020.

[18]刘春节.现代图书馆管理创新研究[M].北京:中国财富出版社,2020.

[19]雷天锋.现代图书馆管理的创新性研究[M].长春:东北师范大学出版社,2020.

[20]相前.信息时代下高校图书馆的管理与读者服务创新[M].长春:吉林科学技术出版社,2020.

[21]凌霄娥.图书馆管理艺术与信息化应用研究[M].西安:西北工业大学出版社,2020.

[22]张海波.智慧图书馆技术及应用[M].石家庄:河北科学技术出版社,2020.

[23]吴环伟.图书馆文献资源建设与共享服务创新[M].长春:吉林出版集团股份有限公司,2020.

[24]乔红丽.图书馆信息管理与多元化发展研究[M].长春:吉林大学出版社,2020.

[25]施强.大数据、知识服务与当代图书馆学[M].杭州:浙江大学出版社,2020.

[26]刘惠兰.现代图书馆管理创新[M].长春:吉林出版集团股份有限公司,2019.

[27]孙桂梅,刘惠兰,王显运.图书馆管理与服务创新研究[M].北京:现代出版社,2019.

[28]师美然,张颖,张雯.图书馆创新与现代管理研究[M].长春:吉林人民出版社,2019.

[29]任杏莉.图书馆管理与服务创新研究[M].长春:吉林科学技术出版社,2019.

[30]曲凯歌.图书馆服务创新与管理研究[M].郑州:郑州大学出版社,2019.

[31]袁萍.图书馆管理策略与阅读服务创新研究[M].沈阳:辽海出版社,2019.

[32]李科萱.图书馆管理与信息服务[M].北京:光明日报出版社,2019.

[33]孙爱秀.图书馆管理与信息应用[M].沈阳:沈阳出版社,2019.

[34]查道懂.图书馆管理学[M].长春:吉林文史出版社,2019.

[35]马利华.图书馆信息管理与服务研究[M].延吉:延边大学出版社,2019.